法官说法丛书

全国“八五”普法推荐读物

CASE

商品房、存量房及农村房屋买卖纠纷典型案例解析

ANALYSIS

娄宇红 / 主编

中国法制出版社
CHINA LEGAL PUBLISHING HOUSE

《法官说法丛书》（第二辑）

总编委会

本书编委会

主　　编：娄宇红　北京市房山区人民法院党组书记、院长

副 主 编：佟　淑　北京市房山区人民法院党组副书记、副院长

　　　　　高贺亮　北京市房山区人民法院党组成员、副院长

　　　　　方希存　北京市房山区人民法院党组成员、副院长

　　　　　沈　波　北京市房山区人民法院党组成员、副院长、政治部主任

　　　　　白月涛　北京市房山区人民法院执行局局长

执行主编：肖　婧　北京市房山区人民法院立案庭（诉讼服务中心）庭长

编　　辑：李亚丽　北京市房山区人民法院窦店人民法庭副庭长

　　　　　肖金良　北京市房山区人民法院立案庭（诉讼服务中心）副庭长

　　　　　吴奕晗　北京市房山区人民法院民事审判三庭副庭长

　　　　　王　嘉　北京市房山区人民法院立案庭（诉讼服务中心）法官助理

作　　者

陈自喜　北京市房山区人民法院立案庭（诉讼服务中心）法官、副庭长

肖金良　北京市房山区人民法院立案庭（诉讼服务中心）法官、副庭长

姜　婕　北京市房山区人民法院立案庭（诉讼服务中心）法官

郭珊珊　北京市房山区人民法院立案庭（诉讼服务中心）法官助理

李　戈　北京市房山区人民法院立案庭（诉讼服务中心）法官助理

王　嘉　北京市房山区人民法院立案庭（诉讼服务中心）法官助理

王雪薇　北京市房山区人民法院立案庭（诉讼服务中心）法官助理

杨国兴　北京市房山区人民法院立案庭（诉讼服务中心）法官助理

张　冰　北京市房山区人民法院行政审判庭（环境保护审判庭）法官助理

吴奕晗　北京市房山区人民法院民事审判三庭法官、副庭长

宁继清　北京市房山区人民法院民事审判三庭法官助理

李亚丽　北京市房山区人民法院窦店人民法庭法官、副庭长

吕少军　北京市房山区人民法院长沟人民法庭法官、副庭长

付　雪　北京市房山区人民法院长阳人民法庭法官

周　蕊　北京市房山区人民法院燕山人民法庭法官助理

柳淑一　北京市房山区人民法院综合审判庭法官助理

郭艳茹　北京市房山区人民法院审判管理办公室（研究室）法官助理、副主任

瞿叶娟　北京市房山区人民法院政治部法官助理

安　蔚　北京市房山区人民法院政治部法官助理

序言

PREFACE

“安土重迁，黎民之性；骨肉相附，人情所愿也。”房产，对于大部分国人来说，是家，是依靠，可安身立命，可遮风避雨，可福荫子女。既因情结所在，也因其不断上涨的价值，房产日渐成为家庭财产的重要组成部分。伴随社会经济发展及民众生活水平的提高，房屋的流动性远胜于前，房屋交易量逐年增多，因此而产生的纠纷日渐增加。事关切身利益，牵涉资产巨大，房屋的买卖对交易双方影响重大；提升法律意识，了解不动产买卖的法律常识，正确预估行为后果，妥善择取纠纷解决途径，既是交易当事人的迫切需要，也是房产交易市场健康发展的因素之一。

前车覆，后车戒。以案为鉴，明法知理。针对房屋买卖纠纷案件的多发现状，北京市房山区人民法院组织多名从事一线审判及从事审判研究工作的干警，根据审判实践中积累的办案经验和案件素材，以及对房屋买卖相关法律问题的思考与总结，择取 20 个真实案例改编成普法故事，把普法和鲜活的生活场景有机结合起来，通过以案释法和扩展性的阐释提示，引导房屋买卖双方规范行为，稳妥交易。

全书共分为四章，分别为商品房买卖纠纷、房产政策下商品房买卖纠纷、二手房买卖纠纷、农村房屋和小产权房买卖纠纷，涉及《民法典》《城市房地产管理法》《土地管理法》等相关法律法规和司法解释等法律依据。全书按照房屋类型讲述了买卖过程中的法律故事，案件均为真实发生，反映出时下房屋买卖中的多发问题及热点话题。普法故事后附有深入评析，涵盖相关法律要点及对关联法律条文的细致解读。案例选取的角度及法律评析具有较强的针对性、实用性和可读性，每篇最后的普法提示针对该篇法律问题提出言辞精练的应对建议。希望这本书的出版，能够为广大群众提供一本易读的普法宣传读本，一本进行房屋交易时的先行指引，一本恰遇纷争时的迎刃之道。

由于资料来源和征集水平所限，编辑过程中难免存在疏漏及不规范之处，恳请广大读者批评指正。

《商品房、存量房及农村房屋买卖纠纷典型案例解析》编委会

2022年1月

目录

CONTENTS

第一章

商品房买卖纠纷

案例一

说好的重点小学不见了，开发商虚假宣传要担责

——对《最高人民法院关于审理商品房买卖合同纠纷案件适用法律若干问题的解释》第三条的理解

陈自喜[①]

案情回顾

（一）说好的“学区房”却无法入学，业主诉开发商虚假宣传

26岁的孙芸[②]与28岁的李庆是一对在大都市打拼的小夫妻。2012年2月，因为孙芸怀孕，两人开始计划在工作的城市买房。因为宝宝很快将要出生，小两口主要关注一些周边有幼儿园、小学等附属教育设施的小区。一到周末，两人就奔波在各大楼盘的销售现场。

“琼府花园小区，您孩子的正确选择。小区配套幼儿园、小学是清大附属幼儿园、小学，12年金牌教育让您的孩子一路领先……”玉都房地产开发有限公司（以下简称玉都房地产公司）所开发的琼府花园小区的售楼宣传广告和在电视台《今日房产》播出的看房专题片让孙芸和李庆的眼睛一亮。两人比较了一下，这个正在开发的楼盘离孙芸的工作单位只有六七公里远，附近有地铁站也便于李庆上下班。最重要的是，宣传广告所说的清大附属幼儿园、小学是该市的市级重点幼儿园、小学，这是多少家长挤破脑袋都想让孩子去的好学校。两人琢磨来琢磨去，对琼府花园小区上了心思。

“孙姐、李哥，您俩放心吧。我们都在电视台上承诺了咱们小区的附属幼儿园、小学就是清大的，没问题。这还有假？赶紧买吧。”销售人员的热情推荐和再三承诺，让小两口下定了决心。2012年7月下旬，琼府花园小区

① 北京市房山区人民法院立案庭副庭长。

② 书中案例提及人名和公司名称均为化名。

楼盘正式开盘，孙芸和李庆当天在销售现场选好房子，签署了《商品房预售合同》，交纳了房屋首付款80万元，并办理了按揭贷款。

2014年5月，玉都房地产公司按约定向孙芸、李庆交付了位于琼府花园的房屋。2014年10月，孙芸、李庆和他们的宝宝安安一家三口住进了装饰一新的家。2015年10月，孙芸、李庆发现小区旁边的幼儿园、小学已经修建完成，然而门口的牌子写的却是东方小学、东方小学附属幼儿园，而不是他们盼望已久的清大小学及附属幼儿园。两人傻了眼，在区教委的相关网站上查询后，确定了琼府花园小区楼盘的配套学校确实是东方小学及附属幼儿园。感觉受骗的他们和同小区其他业主一起和开发商玉都房地产公司进行交涉，但未有结果。

2015年12月，孙芸和李庆一纸诉状将玉都房地产公司诉至法院。两人认为玉都房地产公司虚假宣传，他们所购买的琼府花园小区的配套教育机构并不是被告在广告中宣传的“清大附属幼儿园、小学”，而是东方小学及附属幼儿园，被告的虚假广告宣传行为误导了部分消费者，致使原告与被告签订了商品房预售合同，要求被告依法承担相应的赔偿责任，支付违约金10万元。

（二）要约邀请还是要约，业主开发商各执己见

庭审过程中，原告孙芸、李庆提交了琼府花园小区售楼宣传广告、在电视台投放的看房专题片等宣传资料，用以证明被告玉都房地产公司承诺琼府花园配套教育机构是清大附属幼儿园、小学，宣传内容明确具体，属于要约。原告认为原告接受被告的要约，双方签订了商品房预售合同，被告就应该履行约定，现在琼府花园小区的附属教育机构不是被告承诺的清大附属幼儿园、小学，被告违约，应该支付违约金10万元。

被告玉都房地产公司对原告的诉讼请求不予认可。被告认为教育设施的配套不属于被告开发商品房规划范围内的设施，故该广告宣传不能构成要约，被告不存在违约行为。另外，双方签署的商品房预售合同补充协议已明确排除了广告、宣传资料等作为合同内容。综上，被告玉都房地产公司认为

原告的诉讼请求及依据的事实、理由不能成立，要求法院驳回两原告的诉讼请求。

一审法院经审理认为，原、被告双方签订的《商品房预售合同》系双方当事人真实意思表示，符合法律规定，双方均应按照合同规定行使权利、履行义务。被告针对涉案小区发布的售楼宣传广告和宣传资料中关于附属教育机构为清大附属幼儿园、小学的内容具体明确，并对商品房买卖合同的订立以及房屋价格的确定有重大影响，应当视为要约。该说明和承诺即使未载入商品房买卖合同，亦应当视为合同内容，当事人违反的，应当承担违约责任；被告在楼书[①]及商品房预售合同中关于广告宣传不列为合同的附件或组成部分的陈述系免除其自身责任而排除对方主要权利的格式条款，应为无效。鉴于合同中对被告的该项违约责任未作明确约定，且考虑到原告在购房前也应自行向相关教育管理机关核实涉案小区的教育配套问题，而在签约时教育部门的答复意见为涉案小区并未进行教育资源配置，故法院综合上述情况，酌定被告玉都房地产公司支付原告孙芸、李庆违约金 1 万元。被告玉都房地产公司对一审判决不服，提起上诉，二审法院最终以相同依据维持了一审判决。

本案中，被告玉都房地产公司关于琼府花园小区房屋教育配套资源方面的宣传是构成要约还是要约邀请？如果构成要约，被告在楼书及商品房预售合同中关于广告宣传不列为合同的附件或组成部分的陈述是否有效？这是该案审理的争议焦点。

法理分析

（一）要约与要约邀请的区别

《民法典》第四百七十二条及《合同法》第十四条均规定“要约是希望

---

① 楼书是房地产开发商或销售代理商宣传楼盘、吸引购房者的重要资料，是房地产广告的一种重要形式，较大众媒体上的房地产广告和销售宣传资料更为翔实和丰富。

和他人订立合同的意思表示，该意思表示应当符合下列规定：（一）内容具体确定；（二）表明经受要约人承诺，要约人即受该意思表示约束”。《合同法》第十五条规定：“要约邀请是希望他人向自己发出要约的意思表示。寄送的价目表、拍卖公告、招标公告、招股说明书、商业广告等为要约邀请。商业广告的内容符合要约规定的，视为要约。”①

比较而言，要约和要约邀请主要有三大区别：

1. 意思表示目的不同。要约是当事人自己主动愿意订立合同的意思表示，以订立合同为直接的目的，而要约邀请是当事人希望对方主动向自己提出订立合同的意思表示。

2. 意思表示内容不同。要约必须包括将来可能订立的合同的主要内容，要约中含有当事人表示愿意接受要约约束的意思，而要约邀请则不含有当事人接受要约约束的意思。

3. 针对对象不同。要约大多数是针对特定的相对人的，故往往采用对话或信函的方式，而要约邀请一般针对不特定的相对人，故往往通过电视、报刊等媒介手段发布。

一般而言，商业广告通过电视、报刊等媒介手段向不特定的对象进行发布，广告发布者希望对方主动向自己发出要约提出订立合同的意思表示，符合要约邀请的构成要件。所以，一般的商业广告只要内容不具体、明确，应为要约邀请。

（二）商品房销售广告和宣传资料是要约还是要约邀请？

《最高人民法院关于审理商品房买卖合同纠纷案件适用法律若干问题的解释》（以下简称《商品房买卖合同解释》）第三条规定，商品房的销售广告和宣传资料为要约邀请，但是出卖人就商品房开发规划范围内的房屋及相关

---

① 《民法典》第四百七十三条规定：“要约邀请是希望他人向自己发出要约的表示。拍卖公告、招标公告、招股说明书、债券募集办法、基金招募说明书、商业广告和宣传、寄送的价目表等为要约邀请。商业广告和宣传的内容符合要约条件的，构成要约。”

设施所作的说明和允诺具体确定，并对商品房买卖合同的订立以及房屋价格的确定有重大影响的，构成要约。该说明和允诺即使未载入商品房买卖合同，亦应当为合同内容，当事人违反的，应当承担违约责任。

本案中，被告将涉案小区的配套教育机构作为楼盘营销的要点进行宣传，并在看房专题电视广告及楼书宣传中明确出现了“琼府花园小区的配套幼儿园、小学是清大附属幼儿园、小学”表述，该表述的内容构成被告对涉案小区对口学校的具体确定的说明和允诺，并且对原告购买涉案房屋并签订商品房预售合同的决策具有重大影响，被告的宣传内容应当视为要约。

（三）被告在楼书及商品房预售合同中关于广告宣传不列为合同的附件或组成部分的陈述是否有效?

《合同法》第三十九条第一款（现已失效，相关规定见《民法典》第四百九十六条）规定，“采用格式条款订立合同的，提供格式条款的一方应当遵循公平原则确定当事人之间的权利和义务，并采取合理的方式提请对方注意免除或者限制其责任的条款，按照对方的要求，对该条款予以说明”。

同时，《合同法》第四十条（现已失效，相关规定见《民法典》第四百九十七条）还规定：“格式条款具有本法第五十二条和第五十三条规定情形的，或者提供格式条款一方免除其责任、加重对方责任、排除对方主要权利的，该条款无效。”

本案中，被告玉都房地产公司在楼书及商品房预售合同中关于广告宣传不列为合同的附件或组成部分的陈述，属于被告为了重复使用而预先拟定，并在订立合同时未与对方协商的条款，该条款属于格式条款。被告玉都房地产公司在该条款中直接排除广告宣传的内容，系免除自身责任而排除对方主要权利的条款，应为无效。

综上，被告玉都房地产公司针对涉案小区所发布的商品房销售广告和宣传资料中有关教育机构的说明允诺具体确定，构成要约；该要约内容虽然没有被载入原、被告双方签订的商品房预售合同中，亦应当视为合同内容。被告在楼书及商品房预售合同中关于广告宣传不列为合同附件或组成部分的陈述系免除自身责任而排除对方主要权利的格式条款，应为无效；被告玉都房地产公司没有按约定提供涉案小区配套教育机构，构成违约，应承担违约责任。

知识拓展

（一）如何正确理解商品房销售广告的“除外规定”？

根据《民法典》第四百七十三条、《商品房买卖合同解释》第三条相关规定，商业广告及商品房的销售广告和宣传资料一般都为要约邀请。但当商品房的销售广告和宣传资料同时符合下列条件时，其性质将变为要约，出卖人违反的，将承担违约责任：（1）出卖人就商品房开发规划范围内的房屋及相关设施所作的说明和允诺；（2）该说明和允诺具体确定；（3）该说明和允诺对商品房买卖合同的订立以及房屋价格的确定有重大影响。

以上“三要件”作为《商品房买卖合同解释》第三条的“特别规定”，突破了商业广告被定性为要约邀请的一般原则，很大程度上约束了开发商楼盘广告宣传的任性，加大了对消费者的保护力度，是值得肯定的。然而，实践中“三要件”认定标准主观性较大、缺乏统一的标准；笔者通过对现有的裁判文书进行分析，总结出实践中法官对“三要件”的认定标准，主要如下：

（1）商品房开发“规划范围内”通常作狭义理解，即“规划范围内”也就是《建设规划许可证》批准的项目用地范围（“规划红线”或“用地红线”）。一般情况下，构成要约广告的认定对象不包括“规划红线”外的标识，只能在法定的“规划范围内”进行认定。如果商品房广告对“规划范围”未作标注，或者开发商为了获得宣传效果，故意模糊“红线”划定的范围，引发商品房买卖合同纠纷，应推定广告说明和承诺在商品房开发“规划范围内”。如果广告说明和承诺对客户非常重要，又比较具体明确，足以使购房者产生购房意愿，甚至对该商品房的价格都产生重大的影响，应“视为要约”。例如本案，涉案小区配套的教育机构引进本不属于开发商“规划红线”内的内容，但被告玉都房地产公司为了获得宣传效果，故意模糊了其红线范围，以“重点学区房”为噱头吸引消费者的目光，使得原告产生购房意愿，应视为要约。

（2）说明和允诺的“具体确定”的判断主体应以普通购房者为限，可进行实质性量化和界定。普通的消费者可以根据一般生活常识或者交易知识对房屋的硬件、软件进行确定，明确具体的位置、质量、面积、具体配套服务、生态环境等内容，同时这种“具体确定”是符合法规和规范性文件要求、不变和最终的。例如，该案中被告玉都房地产公司对小区配套教育机构的承诺为清大附属幼儿园、小学，明确具体，不会让人有任何歧义。

（3）对商品房买卖合同的订立以及房屋价格的确定有“重大影响”偏重于主观判断，同时也从个性化购房人的实际需求出发，在具体案件中根据案由的特殊性，具体问题具体分析。一般而言，对房屋地址、价格、基本设计、小区环境、公共设施建设等内容的说明和允诺都是法官在审理过程中主要考虑的因素，根据公平公正原则，在举证责任分担上对买受人进行适当的倾斜，减轻购房人的举证负担，加重开发商的举证负担。

在这里需要特别指出的是，鉴于“三要件”的认定标准主观性较大，可操作性需进一步提高，司法实践中最高人民法院通过案例指导、业务培训及专业法官会议努力统一裁判标准，但因标准认定对法官的自由裁判依赖性较强，同案不同判现象仍较为普遍。例如，关于附属教育机构设施是否属于商品房开发“规划范围内”，不同地区已公开的裁判文书判决结果就不相同，亟待统一标准。

（二）商品房虚假销售广告宣传应承担的法律责任

如上所述，我们知道一般情况下商品房销售广告只属于要约邀请或要约引诱，意在使潜在的购房者提出要约，不具有法律约束力。只有当商品房销售广告中含有虚假内容，使广告受众受到此广告引诱而与开发商进入缔约合同阶段或成功订立合同，损害消费者利益时，才会产生法律责任。因开发商故意隐瞒与订立合同有关的重要事实或者提供虚假情况，购房人因虚假销售广告受欺诈而陷入错误认识，并作出不真实的意思表示，是可撤销的民事行为。有可能未订立合同，但购房者有利益损失，并能提供证据证明的，开发商需依据《民法典》第五百条规定承担缔约过失责任。

该条规定，当事人在订立合同过程中有故意隐瞒与订立合同有关的重要事实或者提供虚假情况违背诚实信用原则的行为，给对方造成损失的，应当承担损害赔偿责任，即缔约过失责任。举个例子，北京法院曾审理过这样一个案例：2002 年曹先生到新康小区看房，见到宣传材料上写着“海淀区西三旗北路”。后曹先生到售楼处签订了认购书，并支付了 1 万元预付款。几天后，曹先生得知新康小区不在海淀区，而是属于昌平区回龙观镇，于是要求退款。双方协商不成，曹先生诉至法院，要求开发商双倍返还预付款 2 万元。法院认为，商品房实行预售许可证制度，开发商取得的预售许可证载明售楼位置为昌平区回龙观镇，但其却在售楼广告中将位置标明为“海淀区西三旗”，使承购人对房屋坐落区域产生歧义，误导曹先生与其签订房屋认购书，违反了《民法通则》（现已失效）等相关法律规定，构成欺诈。遂判决被告退还曹先生购房定金 1 万元。

如果商品房销售广告满足“三要件”，则属于要约，应视为合同内容，在没有阻却商品房广告宣传的效力的合法事由时，房地产开发商就其虚假广告宣传对购房人承担违约责任。根据我国《消费者权益保护法》，如果构成欺诈需要承担退一赔三的民事责任，但商品房销售是否适用此规定，理论上争议较大，司法案例中也很少采用，现实中维权成功概率不大。

普法提示

国外商界有句名言，“想推销商品而不做广告，犹如在黑夜里向情人递送秋波”。可见广告宣传在销售中的重要作用。商品房销售更是如此，有人做过统计，95% 的商品房是通过广告宣传的渠道售出的。可是，在商品房销售中，因广告及宣传资料引起的纠纷时常发生，占房地产投诉案件的 50% 左右。

目前，我国现有法律法规对商品房销售广告导致的纠纷如何适用法律法规虽作出了较为明确、具体的规定，但从具体的司法实践操作来看，这些规定仍存在一些尚待进一步明确与弥补的模糊性表述及漏洞，从而导致一方面给开发商在销售商品房时做出虚假、夸大的广告宣传仍留下了可乘之机，损害了消费者利益；另一方面给房地产市场中的弱势群体——购房人带来了更多潜在的诉讼风险。为此，我们建议购房者：

（1）理性看待商品房买卖过程中的销售广告和宣传资料。首先，要认识到一般的销售广告和宣传资料都是开发商针对楼盘作出的要约邀请，而非要约，不具有法律效力。其次，要初步判断该销售广告和宣传资料的内容是否属于商品房规划范围内、具体明确而对自己订立合同和房屋价格具有重要影响，能否视为要约，作为合同的一部分。最后，如果初步判断销售广告和宣传资料的内容构成要约，在签订合同时就要要求开发商把广告宣传的承诺写入合同约定条款。

（2）先行收集与查证关于所购房屋的信息，明确商品房“规划红线”范围。购房者在买房之前要保持理性的态度，若确定购买，可以到规划部门、房管部门以及建设部门做资料查询，一般小区的消息在房管部门和建设部门都有相应的公示。关于承诺的配套设施，最好先向当地规划部门咨询核实，并要求将期待的规划设施写进合同。

（3）签订合同时一定要注意合同中的违约条款和免责条款。购房者购买“精装房”“学区房”或者对小区的配套设施有要求时，最好在合同中明确“精装房”的装修标准、所用材质、价格、质量标准、售后服务，明确“学区房”能保证买房一定能让孩子就读特定学校，以及违约后的赔偿等内容。如果协议中有“最终交付以政府规划或最终确定的示意图为准”等类似的字眼，购房者在签订的时候需谨慎。因为一旦签订，将来可能面临即使开发商存在不实宣传、虚假宣传或者欺诈宣传的情况，购房者维权仍存在潜在障碍的风险。

案例二

北京安居梦破灭，合同无效引事端

——商品房预售合同无效的认定及其法律后果

肖金良[①]

案情回顾

刘先生一家是河北人，为了能让孩子在北京上学，接受更好的教育，一直积极打算在北京买房落户。但是，由于自己的积蓄不是特别充裕，刘先生只能在北京近郊寻找房源。经过半年多的辛苦看房、选房，刘先生终于找到了合适的一手房源，并于2009年与开发商签订了商品房买卖合同。该商品房买卖合同约定：刘先生购买某开发商开发的某小区两居室房屋一套，房屋价款为28.98万元，首付款8.98万元，贷款20万元。该房屋所在地块建设工程规划许可证号为××号，施工许可证号为×××号。该合同对双方其他权利义务也进行了约定。随后，刘先生向开发商支付了首付款并提交了贷款需要的所有证件。由于该房屋是期房，刘先生一家时常前往关注房屋建设的进度，期待着能够早日入住自己在北京的家。2010年年初，刘先生一家终于盼到了可以领取房屋钥匙的日子，刘先生很快将房屋进行了简单装修，如愿以偿住进了新家。此后，开发商告知刘先生，由于贷款政策发生变化，刘先生的贷款办不下来了，双方需要变更剩余房款的付款方式。与此同时，刘先生所关心的房屋所有权证也因为房屋开发建设手续不全而迟迟无法办理。经过几轮的协商，双方各执一词，未能对剩余房款的支付达成一致，这也使双方的矛盾逐渐升级，开发商于2017年年底强制对房屋更换了锁芯，并于2018年年初将刘先生诉至法院，要求确认双方所签订的商品房买卖合同无效，要求刘先生返还房屋，支付房屋占用期间的使用费，刘先生应诉。诉讼中，刘

---

① 北京市房山区人民法院立案庭（诉讼服务中心）副庭长。

先生认为自己已经在该房屋居住近十年，且自己是依据双方合同合法居住房屋，因此坚持认为双方所签合同是有效的。法院在审理过程中依法向刘先生进行了释明，刘先生反复思量后，改变了想法，决定提出反诉，要求确认双方签订的商品房买卖合同无效，开发商返还已付购房款并支付利息，同时要求开发商承担缔约过失责任，赔偿其该房屋取得不能的损失 73.79 万元。

法院经合并审理本诉和反诉，查明涉案房屋所在小区工程为住宅楼危改工程，于 1995 年 6 月办理北京市建设工程开工审查表。1995 年 11 月，某公司北京办事处作为建设单位办理了《建设工程规划许可证》，建设项目名称为住宅楼。1999 年 12 月，北京市房山区计划委员会给某公司北京办事处危旧房改造项目的批复载明，该委同意某公司北京办事处对危旧房进行移址改造，新建住宅 9500 平方米，资金来源由某公司北京办事处自有资金解决。2000 年 4 月，某公司北京办事处作为用地单位办理了《建设用地规划许可证》，用地项目名称为职工住宅楼。2007 年 9 月，某公司办理了国有土地使用权证，地类（用途）为住宅，使用权类型为出让。涉案房屋建设工程至今未办理竣工验收手续，本案开发商销售房屋亦未办理销售许可手续。

诉讼中，双方均确认涉案房屋已由开发商接管。刘先生提出对涉案房屋的市场价值进行评估，但由于该房屋开发建设手续不完备，无法办理房屋所有权证，鉴定公司以无法进行评估为由将评估申请予以退回。某评估公司在另案中曾因法院委托于 2016 年对涉案房屋的周边相似房屋出具过评估结论，确定被评估对象于 2016 年 11 月 29 日的房地产市场价值为 73.799 万元，楼面房地产价格为 9875 元 / 平方米。

人民法院经审理认为，涉案房屋所在土地虽然办理了建设用地规划许可证、国有土地使用证手续，涉案建筑工程也办理了建设工程开工审批及建设工程规划许可证等手续，但没有办理竣工验收手续。从某公司北京办事处取得上述文件的时间顺序看，涉案工程系先开工后立项并补办相关手续，没有严格按照相关规定的程序办理。虽然涉案项目具备国有土地使用证，但《建设用地规划许可证》显示用地项目名称为职工住宅楼。开发商将危旧房改造项目的职工住宅楼向职工以外的人员销售，从目前证据看，并没有取得相应的预售许可。根据《城市房地产管理法》第四十五条的规定，“商品房预售，应当符合下列条件：……（四）向县级以上人民政府房产管理部门办理预售登记，取得商品房预售许可证明”。同时，《最高人民法院关于审理商品房买卖合同纠纷案件适用法律若干问题的解释》（以下简称《商品房买卖合同解释》）第二条规定：“出卖人未取得商品房预售许可证明，与买受人订立的商品房预售合同，应当认定无效，但是在起诉前取得商品房预售许可证明的，可以认定有效。”开发商至今未取得商品房预售许可证，根据上述规定，开发商与刘先生签订的商品房买卖合同违反了法律的效力性强制性规定，应属无效。

《合同法》第五十八条（现已失效，相关规定见《民法典》第一百五十七条）规定，合同无效后，因该合同取得的财产，应当予以返还；不能返还或者没有必要返还的，应当折价补偿。有过错的一方应当赔偿对方因此所受到的损失，双方都有过错的，应当各自承担相应的责任。因双方在诉讼中确认该房屋已由开发商接管，故现开发商要求刘先生返还涉案房屋的请求，缺乏事实依据，法院不予支持。刘先生要求开发商退还已付购房款的请求，法院予以支持。由于系因开发商建设销售房屋手续的问题致合同被确认为无效，开发商应承担适当的缔约过失责任，故对于刘先生要求开发商赔偿损失的请求，以及开发商要求刘先生支付房屋占有使用费的请求，法院综合考虑双方过错责任、近年来房地产市场变动趋势及已付购房款占总房款的比例等因素酌情予以认定。据此，法院判决开发商与刘先生所签商品房买卖合同无效；开发商于判决生效之日起 10 日内向刘先生返还已付购房款 8.98 万元；开发商于判决生效之日起 10 日内赔偿刘先生经济损失 30 万元；驳回开发商的其他诉讼请求；驳回刘先生的其他反诉请求。

我国《民法典》实施后，《合同法》虽已失效，但综观《民法典》及相关司法解释的规定，新旧法律规定的基本精神是一脉相承的。

看过上述案例，大家可能会提出这样两个问题：第一，正如刘先生所认为的，其与开发商自愿签订商品房买卖合同，且自己已经在该房屋内居住了近十年，为何双方所签合同被确认为无效？第二，商品房买卖合同无效后，双方都提出了赔偿请求，他们的主张都成立吗？

法理分析

（一）商品房预售合同的效力认定

商品房预售，是指房地产开发企业将正在建设中的商品房预先出售给买受人，并由买受人支付定金或者房价款的行为。商品房预售合同是一种特殊的买卖合同，标的物是建造中的房屋，只有从事房地产开发和经营的企业才能作为出卖人。由于预售的商品房存在诸多不确定因素和风险，因此国家对商品房预售行为给予了较强的干预，明确规定了商品房的预售条件，实行预售许可制度。签订预售合同后需要到相应行政主管部门进行登记备案，房屋的综合验收合格、确权、核发产权证等亦与行政行为密不可分。①

1. 商品房预售的条件

《城市房地产管理法》第四十五条明确规定："商品房预售，应当符合下列条件：（一）已交付全部土地使用权出让金，取得土地使用权证书；（二）持有建设工程规划许可证；（三）按提供预售的商品房计算，投入开发建设的资金达到工程建设总投资的百分之二十五以上，并已经确定施工进度和竣工交付日期；（四）向县级以上人民政府房产管理部门办理预售登记，取得商品房预售许可证明。商品房预售人应当按照国家有关规定将预售合同报县级以上人民政府房产管理部门和土地管理部门登记备案。商品房预售所得款项，必须用于有关的工程建设。"更为直观的判断预售项目具备预售条件的方法就是我们俗称的"五证俱全"，所谓"五证"即国有土地使用权证、建设用地规划许可证、建设工程规划许可证、建设工程施工许可证、商品房预售许可证。一般来说，出卖人如果已获得了商品房预售许可证，就应该已取得了其他四证，因为商品房预售许可证的取得以其他四证的具备为前提。

---

① 参见王林清、郭燕枝、杨心忠：《房屋买卖合同纠纷裁判思路与裁判规则》，法律出版社2006年版，第1页。

2. 商品房预售合同的效力

正确认定商品房预售合同的效力是法院审理商品房预售合同纠纷案件的首要问题。那么，商品房预售的条件与商品房预售合同的效力是什么关系?

《民法典》对民事法律行为的效力有原则性规定，商品房预售合同效力的认定要以效力性强制性规定为依据。同时，商品房预售合同作为一种具体的合同，效力认定有其特殊性。商品房预售合同效力需要考虑的特殊因素有：合同主体方面，预售方必须是经批准设立，并在工商行政管理部门登记注册的房地产开发企业；标的物方面，预售房屋应当具备预售条件，取得商品房预售许可证明；合同形式方面，商品房预售合同必须采取书面形式，实践中一般采用标准格式合同。

《城市房地产管理法》第四十五条规定的四个条件必须要同时具备，商品房预售合同才有效吗?实践中虽有不同观点，但普遍认为只要出卖人持有商品房预售许可证明，其与买受人签订的商品房预售合同即为有效。《城市房地产管理法》第四十五条属于管理性规定，而非效力性规定，不影响合同的效力。该规定的四个条件不是并列的，前三个条件是取得商品房预售许可证的前提，只要取得了商品房预售许可证，就应当具备了前三个条件。即使存在取得了商品房预售许可证却不具备其他三个条件的情况，也是开发商与行政主管部门间的行政法律关系，不能让购房人来承担本应由行政机关承担的审查义务。法院在认定商品房预售合同的效力时，对出卖人是否具备预售资格只从形式上进行审查，而非实质审查，只要取得商品房预售许可证即应视为具备预售资格。[①]《商品房买卖合同解释》第二条对此作出了解释。本文案例就是因出卖人未取得商品房预售许可证明而导致双方所签订的预售合同无效。

此外，我国《城市房地产管理法》第四十五条第二款规定："商品房预售人应当按照国家有关规定将预售合同报县级以上人民政府房产管理部门和

---

① 参见王林清、郭燕枝、杨心忠:《房屋买卖合同纠纷裁判思路与裁判规则》，法律出版社2006年版，第1页。

土地管理部门登记备案。”那么，商品房预售合同未进行登记备案是否影响合同效力？答案是否定的。商品房预售合同登记是商品房预售管理的一部分，是不动产交易的一种公示手段，目的在于使已经成立并生效的请求权具有对抗第三人的效力，商品房预售合同登记与否不影响合同效力。对此，《商品房买卖合同解释》第六条规定：“当事人以商品房预售合同未按照法律、行政法规规定办理登记备案手续为由，请求确认合同无效的，不予支持。当事人约定以办理登记备案手续为商品房预售合同生效条件的，从其约定，但当事人一方已经履行主要义务，对方接受的除外。”

（二）商品房预售合同无效的法律后果及救济

《民法典》第一百五十七条规定：“民事法律行为无效、被撤销或者确定不发生效力后，行为人因该行为取得的财产，应当予以返还；不能返还或者没有必要返还的，应当折价补偿。有过错的一方应当赔偿对方由此所受到的损失；各方都有过错的，应当各自承担相应的责任。法律另有规定的，依照其规定。”该条是关于合同无效或者被撤销的法律后果的规定。对于商品房买卖合同而言，该条中的“损失”应为“缔约过失责任的赔偿范围”。[①] 通常认为，缔约过失责任赔偿是对信赖利益损失的赔偿，其范围一般不应超过履行利益。商品房预售合同被确认无效后，信赖利益损失的具体赔偿范围不仅包括对方实际支出的履行费用等直接损失，还应包括基于对合同的信赖而丧失与第三人订立有效合同而可能获得的利益（即机会损失），该损失可以用房屋增值利益损失作为考量参考。

在我国，法律无特别规定的情形下，民事责任承担的原则均应适用过错责任原则。在上述案例中，开发商在销售房屋时有义务和责任使房屋达到行政许可的要求，其在与刘先生签订买卖合同后没有补办房屋的预售许可证，至法院审理过程中仍未能取得预售许可证，开发商无法使所售房屋合法化是

① 参见何晓航：《房地产纠纷裁判依据新释新解》，人民法院出版社 2014 年版，第 244—246 页。

导致双方合同无效的原因，故开发商应当承担合同无效的主要责任。刘先生作为购房人，签订合同时未能尽到审慎的注意义务，亦应对合同无效的后果承担一定的责任。合同无效后，开发商应当返还收取的购房款，并根据其过错程度赔偿刘先生基于信赖利益的损失。本案判决综合考虑双方过错责任、近年来房地产市场变动趋势、刘先生已付购房款占总房款的比例及占用使用房屋的情况等因素，酌情对刘先生的损失进行了认定。同时，我们也应当注意，如果买受人明知出卖人未取得国有土地使用权证，或是明知出卖人无合法开发、建设、销售房屋的资格，而仍与出卖人签订商品房预售合同，则买受人就应当自行承担合同无效的民事责任。

知识拓展

《商品房买卖合同解释》第二条规定："出卖人未取得商品房预售许可证明，与买受人订立的商品房预售合同，应当认定无效，但是在起诉前取得商品房预售许可证明的，可以认定有效。"

商品房预售合同的效力认定是商品房预售合同纠纷案件审理的首要问题，而对于《商品房买卖合同解释》第二条规定的理解与适用则对商品房预售合同效力的认定至关重要。下面就该条理解与适用中出现的一些问题做进一步讨论。

（一）商品房预售合同签订后，规划许可证被行政主管部门撤销，商品房预售合同效力是否受到影响？

根据《商品房买卖合同解释》第二条的规定，只要签订预售合同时具备商品房预售许可证，预售合同即为有效。法院审理该类案件时只审查是否具备商品房预售许可证，无须考虑其他方面。正如前文所述，在具备了商品房预售许可证的情况下，《城市房地产管理法》第四十五条规定的房屋预售的前三个条件是否具备，是开发商与行政主管部门之间的问题，即使规划许可证等其他前置证件不具备或者被行政主管部门撤销，只要出卖人具备商品房预售许可证，此前出卖人与买受人签订的预售合同就仍然有效。

（二）商品房预售合同签订后，预售许可证明被撤销，商品房预售合同效力是否受到影响？

《商品房买卖合同解释》第二条只规定在签订预售合同时需取得商品房预售许可证明，合同即为有效，如果事后商品房预售许可证被撤销，系基于房地产开发企业违反了行政管理法规所致，也是行政管理机关履行行政管理职责的需要，并不必然导致商品房预售合同无效。因为颁发商品房预售许可证明是一种行政管理行为，目的在于解决商品房预售市场的资格准入问题。商品房预售合同签订后，商品房预售许可证被撤销，致使出卖人丧失预售资格，影响的只是出卖人的履约能力。如后续合同履行过程中出现问题，导致合同无法继续履行或无法办理权属证书，买受人可要求出卖人承担违约责任，但不应据此认定商品房预售合同无效。[①]

（三）出卖人签订商品房预售合同时，其持有的预售许可证明已过有效期，该预售合同是否有效？

商品房预售许可证已过有效期和没有取得商品房预售许可证销售房屋的行为在性质上存在本质区别，出卖人取得预售许可证即具有预售资格，过期并不能否认出卖人从形式上具备了预售商品房的条件。《商品房买卖合同解释》第二条规定的目的在于通过对出卖人是否取得商品房预售许可证明进行形式审查，以确认该商品房的预售行为是否符合《城市房地产管理法》第四十五条以及《城市房地产开发经营管理条例》第二十四条所规定的房地产开发企业预售商品房的条件，符合预售条件的出卖人签订的商品房买卖合同应为有效。[②]

---

① 参见于世伟、李营东：《房屋买卖案件审判参考》，人民法院出版社2018年版，第28页。

② 参见王林清、郭燕枝、杨心忠：《房屋买卖合同纠纷裁判思路与裁判规则》，法律出版社2006年版，第1页。

（四）合同效力的补正

根据《商品房买卖合同解释》第二条的规定，出卖人未取得商品房预售许可证明时与买受人订立的商品房预售合同，应属无效。但也有除外情形，即如果出卖人在起诉前对没有预售许可证的行为进行了补正，则仍然可以认定合同有效。为了维护商品房交易的安全和稳定，《商品房买卖合同解释》将出卖人取得商品房预售许可证的时间宽限至起诉前，即使签订合同时没有预售许可证，但只要起诉前取得了预售许可证，则双方所签预售合同不当然无效。这也是考虑到我国房地产开发市场阶段性管理机制不健全、市场交易行为不规范的结果。

还有一种情形，即签订商品房预售合同时，出卖人未取得预售许可证明，但在合同履行过程中，房屋已经建成，合同能够继续履行，商品房预售合同已经转化为商品房现售合同。在这种情况下，不能再依据判断商品房预售合同效力的标准来评判该合同的效力，而是应当根据现有情况综合考量认定合同的效力。

普法提示

民以食为天，家以居为先。房屋问题一直是中国家庭的头等大事，近年来，房屋买卖交易活跃，交易主体因市场需求或房地产调控政策引发的房价波动产生合同履行争议，导致商品房买卖合同纠纷案件收案数量逐年增加，一些新类型、新情况案件不断涌现，但无论何种类型的案件，法官在审理案件过程中均首先要解决合同效力的问题。法官只有在确定合同有效或者无效之后，才能进一步确定案件的审理思路和走向。可以说，认定合同的效力是审理好合同类案件的前提，亦是决定案件脉络的关键。由此可见，无论作为房屋出卖人，还是房屋买受人，掌握合同效力的相关知识和注意事项，对维护自身利益以及避免未知风险都是至关重要的。

下面分别对商品房的出卖人和买受人提出具体建议：

首先，对于买受人来说，购房作为头等大事儿，一定要做到“四多”，即多比、多看、多问、多审。“多比”，就是要多比较，以多个符合自己要求的项目为目标，进行比较抉择，最终选择与自己的诉求最贴合的一个项目，而且要考察开发商的实力，尽量选择实力雄厚的开发商所售楼盘。“多看”，意思是要多走访，不能仅停留在设计图、宣传广告或者沙盘上，而是要亲自到项目现场实地查看，了解项目建设情况、进度和周边环境。“多问”，即多方询问，不仅要向售楼人员详细询问项目各种开发建设手续的办理情况、项目及其周边规划情况以及施工情况等问题，还要向可能了解项目情况的其他人员打听了解。“多审”，即要认真审查项目是否“五证俱全”（国有土地使用证、建设用地规划许可证、建设工程规划许可证、建筑工程施工许可证、商品房预售许可证），谨防未来因项目建设开发手续问题而存在合同无效、不动产权证办理困难等隐患。同时，还要多审查商品房预售合同的文本内容，以防因自身疏忽未看合同内容而悔不当初。总之，买受人在购房前有必要做好自己的知识储备，加强对房地产相关法律知识的学习和了解；在购房时一定要持对自己负责的态度，谨慎行为。只有这样，才能让自己远离瑕疵房源，避免官司缠身。

其次，对于出卖人而言，亦应当保有对自己、对他人负责的态度，合法进行项目开发、建设，严格遵守国家房地产开发相关法律法规从事房地产销售活动，以防因项目开发建设手续问题引发纠纷，造成巨大经济损失。

最后，也要提醒大众，攒钱买房不容易，别再因纠纷动了气，如果出现不得不面对纠纷的情况，也要抱有平常心，积极应对，尽量将损失降低到最小。

案例三

入住遥遥无期，无奈状告开发商

——商品房预售合同违约金调整的原则

肖金良[①]

案情回顾

王先生婚期临近，着急购置房产，经多方考察，选好了一处交通、生活相对便利且交房时间较早的项目，并很快与开发商签订了商品房预售合同，用首付款加商业贷款的方式支付了全部房款197万余元。合同约定的交房时间是2016年12月31日，而在临近交房的时候，王先生突然接到了开发商邮寄的逾期交房通知书，被告知因房屋未能如期办理工程竣工验收备案，导致交房时间需要延期半年。王先生虽不情愿，但心想房屋不具备交付条件，也没有办法，只能一催再催的同时，期盼着半年后的交房。可万万没想到，这只是一个漫长等待的开始，王先生就这样一直等了两年半。2019年6月，王先生终于领取了房屋钥匙，得以入住房屋。王先生因开发商延期交房的违约行为将开发商诉至法院，要求开发商按照已付总房款日万分之一的标准支付延期交房违约金17万余元。

被告在诉讼中辩称：认可己方存在延期交房行为，同意向王先生支付延期交房违约金，但双方合同中明确约定了延期交房违约金的计算方式，违约金应当按照合同约定计算。

法院经审理查明：双方签订的预售合同约定，除不可抗力外，出卖人未按照合同约定的期限和条件将该商品房交付买受人的，逾期超过180日，买受人有权退房。买受人退房的，出卖人应当自退房通知送达之次日起180日内退还全部已付款（首付款加贷款本金部分），并一次性按照买受

---

① 北京市房山区人民法院立案庭（诉讼服务中心）副庭长。

人全部已付款的万分之一向买受人支付违约金。买受人要求继续履行合同的，合同继续履行，自合同约定的交付期限届满之次日起至实际交付之日止，出卖人一次性按买受人全部已付款的 0.1% 向买受人支付违约金，并约定“买受人全部已付款”为买受人已交首付款加每月实际已经向银行累计还款额（买受人采用贷款方式的，本金部分），另由于遭遇不可抗力影响的（如恶劣天气、自然灾害、疫情灾害、政策变化、市政设施政策变化、其他第三方恶意干扰等情况）或因为遵守政策法规、规范性文件和政策变化导致的或由于市政配套批准安装因素导致的配套设施条件不能按期达到约定标准，出卖人可据实予以延期，而无须承担相关违约赔偿责任。在出卖人发出延期交房通知起 30 日内，若买受人有异议则双方同意按退房处理。在出卖人发出延期交房通知起 30 日后，买受人未表示异议或未做书面确认回复的，视同买受人同意按延期交房处理。上述条款中对于“买受人全部已付款”的解释、不予承担违约责任的情形等内容均以下划线着重标注。

诉讼中，双方对房款金额、实际交房时间等合同履行情况均无争议，但对违约金的计算方式存在巨大分歧，王先生认为按照合同约定的违约金标准计算出的违约金数额过低，不足以弥补自己的损失，请求法院对违约金予以调高，开发商坚持认为应当按照合同约定执行违约金条款，不应当对违约金进行调整。法院是否应当对延期交房违约金进行调整，成为本案的焦点问题。

法院经审理认为，王先生与开发商签订的预售合同为双方真实意思表示，且不违反法律、行政法规的强制性规定，应为有效。双方均应按照合同约定和法律规定，全面适当地行使权利、履行义务。预售合同约定，被告应当在 2016 年 12 月 31 日前向原告交付符合合同约定和法律规定的房屋。开发商未按期向王先生交付符合合同约定和法律规定的房屋，且未提供证据证明存在合同约定和法律规定的免责事由，其延期交房行为构成违约，应当承担违约责任。对于延期交房，预售合同约定了违约金条款，该条款对“买受人全部已付款”的确定、违约金计算标准等事项做了明确的约定。

现王先生主张逾期交房违约金约定标准过低，不足以弥补其损失，要求按照已付总房款日万分之一的标准计算违约金，但未提供证据证明其主张及其实际遭受损失的情况，法院结合同地段同类房屋的租金标准等因素，综合考虑王先生因开发商违约行为遭受的损失，根据公平原则和诚实信用原则，酌情对逾期交房违约金予以调整。据此，法院判决开发商于判决生效之日起10日内向王先生给付逾期交房违约金8万余元；驳回了王先生的其他诉讼请求。

以上案例给我们提出了一个问题，即双方合同中明确约定了违约金的计算方式，但当存在约定过高或低于实际损失的情况时，法院应当尊重双方意思自治，还是应当对违约金进行调整？如何认定违约金约定过高或低于实际损失？

法理分析

我国《合同法》（现已失效，相关规定见《民法典》第五百八十五条）第一百一十四条规定："当事人可以约定一方违约时应当根据违约情况向对方支付一定数额的违约金，也可以约定因违约产生的损失赔偿额的计算方法。约定的违约金低于造成的损失的，当事人可以请求人民法院或者仲裁机构予以增加；约定的违约金过分高于造成的损失的，当事人可以请求人民法院或者仲裁机构予以适当减少。当事人就迟延履行约定违约金的，违约方支付违约金后，还应当履行债务。"

《最高人民法院关于适用〈中华人民共和国合同法〉若干问题的解释（二）》（以下简称《合同法解释（二）》，现已失效）第二十七条规定："当事人通过反诉或者抗辩的方式，请求人民法院依照合同法第一百一十四条第二款的规定调整违约金的，人民法院应予支持。"第二十八条规定："当事人依照合同法第一百一十四条第二款的规定，请求人民法院增加违约金的，增加后的违约金数额以不超过实际损失额为限。增加违约金以后，当事人又请求对方赔偿损失的，人民法院不予支持。"第二十九条规定："当事人主张约定的违约金过高请求予以适当减少的，人民法院应当以实际损失为基础，兼顾合同的履行情况、当事人的过错程度以及预期利益等综合因素，根据公平原则和诚实信用原则予以衡量，并作出裁决。当事人约定的违约金超过造成损失的百分之三十的，一般可以认定为合同法第一百一十四条第二款规定的'过分高于造成的损失'。"

《最高人民法院关于审理商品房买卖合同纠纷案件适用法律若干问题的解释》（以下简称《商品房买卖合同解释》）原第十六条（现第十二条）规定："当事人以约定的违约金过高为由请求减少的，应当以违约金超过造成的损失 30% 为标准适当减少；当事人以约定的违约金低于造成的损失为由请求增加的，应当以违约造成的损失确定违约金数额。"

《最高人民法院关于当前形势下审理民商事合同纠纷案件若干问题的指导意见》（以下简称《指导意见》）第五条规定："现阶段由于国内宏观经济环境的变化和影响，民商事合同履行过程中违约现象比较突出。对于双方当事人在合同中所约定的过分高于违约造成损失的违约金或者极具惩罚性的违约金条款，人民法院应根据合同法第一百一十四条第二款和最高人民法院《关于适用中华人民共和国合同法若干问题的解释（二）》（以下简称《合同法解释（二）》）第二十九条等关于调整过高违约金的规定内容和精神，合理调整违约金数额，公平解决违约责任问题。"第六条规定："在当前企业经营状况普遍较为困难的情况下，对于违约金数额过分高于违约造成损失的，应当根据合同法规定的诚实信用原则、公平原则，坚持以补偿性为主、以惩罚性为辅的违约金性质，合理调整裁量幅度，切实防止以意思自治为由而完全放任当事人约定过高的违约金。"第七条规定："人民法院根据合同法第一百一十四条第二款调整过高违约金时，应当根据案件的具体情形，以违约造成的损失为基准，综合衡量合同履行程度、当事人的过错、预期利益、当事人缔约地位强弱、是否适用格式合同或条款等多项因素，根据公平原则和诚实信用原则予以综合权衡，避免简单地采用固定比例等'一刀切'的做法，防止机械司法而可能造成的实质不公平。"第八条规定："为减轻当事人诉累，妥当解决违约金纠纷，违约方以合同不成立、合同未生效、合同无效或者不构成违约进行免责抗辩而未提出违约金调整请求的，人民法院可以就当事人是否需要主张违约金过高问题进行释明。人民法院要正确确定举证责任，违约方对于违约金约定过高的主张承担举证责任，非违约方主张违约金约定合理的，亦应提供相应的证据。合同解除后，当事人主张违约金条款继续有效的，人民法院可以根据合同法第九十八条的规定进行处理。”

《民法典》第五百八十五条规定：“当事人可以约定一方违约时应当根据违约情况向对方支付一定数额的违约金，也可以约定因违约产生的损失赔偿额的计算方法。约定的违约金低于造成的损失的，人民法院或者仲裁机构可以根据当事人的请求予以增加；约定的违约金过分高于造成的损失的，人民法院或者仲裁机构可以根据当事人的请求予以适当减少。当事人就迟延履行约定违约金的，违约方支付违约金后，还应当履行债务。”

以上规定是法院调整违约金的相关法律依据，虽然有些规定已经失效，但违约金调整的基本精神是一以贯之的，故如何理解和正确适用相关法律规定，对法院审理涉及合同违约金调整类案件至关重要。

（一）违约金调整的提出及释明

《民法典》第五百八十五条沿用了《合同法》（现已失效）第一百一十四条中违约金可视情况予以调整的规定。同时，从《合同法》（现已失效）和《民法典》的规定均可见：提出违约金调整的主体是当事人，即法院依当事人的申请可以对合同约定的违约金进行调整。

那么法院是否可以依职权对违约金进行调整呢？对此，最高人民法院针对《合同法解释（二）》（现已失效）第二十九条解读时表明：人民法院未经当事人的请求不得主动调整违约金的数额，但对明显过高或过低的违约金的数额应当向当事人释明，尤其在当事人仅纠缠于是否构成违约而未对违约金高低主张权利时，人民法院应当行使释明权。但是，经法院释明，当事人仍然没有提出违约金调整的请求，法院应当如何处理呢？最高人民法院民二庭在《指导意见》答记者问中指出：“对于已经向违约方进行释明但违约方坚持不提出调整违约金请求的，人民法院应当遵循意思自治原则，一般不予主动调整。”但实践中亦有观点认为，若当事人一直坚持主张不存在违约，其目的在于抵销或吞并对方的违约金请求权，其本身含有不应当支付违约金之意，若机械地认为其未提出违约金过高的请求，有失公平 。故在此情况下，法院可以主动依法酌减违约金。

对于法院是否可以依职权对违约金进行调整的问题，我们认为应当针对个案区别对待，若经法院释明，当事人始终坚持认为自己没有违约，其心声是对违约金的否定，这应当包含其认为违约金过高的意愿，因此在此情况下，法院“依职权”调整违约金实际也可以理解为“依当事人申请”而为之。若审理中，当事人表示同意按照合同约定支付违约金，则法院就不能再依职权对违约金进行调整。

（二）违约金调整的原则

如果当事人提出了违约金调整的请求，法院对待该请求的处理原则应当是“不调整为原则，调整为例外”。因为合同是基于双方自愿签订的协议，依法成立的合同，受法律保护。意思自治是贯彻合同活动整个过程的基本原则，在不违反强制性法律规范和社会公共利益的基础上，当事人依法享有自愿订立合同的权利，任何单位和个人不得非法干预。法院应当尊重当事人的意思自治，对于有效合同约定的违约金条款，法院应当给予肯定，调整只是例外，只有存在法律规定的可以调整违约金的情形，才可以对违约金进行调整。

（三）违约金调整中的举证责任分配

根据相关法律规定，法院对于当事人要求调整违约金的请求，应以造成的损失作为衡量标准。而要确定损失的大小，首先需要解决的就是举证责任分配问题。根据我国举证责任分配基本规则，“谁主张，谁举证”，主张方应当承担举证责任。同时，我们应当注意，主张方不仅要举证证明损失的大小，而且还要对违约金是否过高或低于实际损失承担举证责任。本文案例中，王先生提出调整延期交房违约金，故其应当对其实际损失及违约金是否存在低于实际损失的情况承担举证责任。

（四）过高或低于实际损失的认定及调整标准

对于当事人约定的违约金过高或者低于实际损失的判断标准，我国法律没有进行具体的规定，这属于法官行使自由裁量权的范畴。那么法官应当如何行使自由裁量权呢？

正如案例中涉及的延期交房违约金调整问题，王先生主张调整违约金，则其有义务举证证明其实际损失及合同约定的违约金低于实际损失的情况，法官根据王先生的举证来判断是否应当调整违约金，以及是否采纳其按照总房款日万分之一标准调整违约金的请求。本案中，王先生未能对其实际损失进行举证，但从双方合同约定的违约金计算方式可以看出，双方合同约定的延期交房违约金确实明显过低，应当对违约金进行调整。那么，应当如何对违约金进行调整呢？由于延期交房给购房人造成的损失可能会受到购房用途、房价浮动等多种因素影响，很难形成一个统一的标准。《商品房买卖合同解释》原第十七条（现第十三条）规定，如果合同中对逾期交房违约金未作约定，违约金数额或者损失赔偿额可以按照逾期交付使用房屋期间有关主管部门公布或者有资格的房地产评估机构评定的同地段同类房屋租金标准确定。该规定说明同地段同类房屋租金标准从一定程度上可以反映延期交房给购房人造成的损失情况，以此作为标准对于当事人双方来说是相对公平的。本文案例最终也是以同地段同类房屋租金作为标准对延期交房违约金进行了调整。

此外，我们也应当注意，将同地段同类房屋的租金作为认定标准，仅是在损失难以确定的情况下采用的一种折中方法，该标准并不能等同于购房人所遭受的实际损失，若购房人能够举证证明其实际损失情况，则还是应当以实际损失作为衡量是否调整违约金的依据。

知识拓展

（一）违约金的概念

违约金是按照当事人的约定或者法律直接规定，一方当事人违约的，应向另一方支付的金钱。违约金一般是金钱，但当事人也可以约定违约金的标的物为金钱以外的其他财产。违约金具有如下法律特征：一是违约金主要是由当事人协商确定的；二是违约金的数额是预先确定的；三是违约金是一种违约后生效的补救方式；四是违约金的支付是独立于履行行为之外的给付；五是违约金的支付是一种民事责任。

对于违约金的主要作用，学术界有不同的观点。第一种观点认为违约金的主要作用在于担保合同的履行，认为其是合同担保的主要方式，合同如果没有违约金的规定，就是不完整的；第二种观点认为违约金是债务人不履行债务所应承担的违约责任，不是合同担保方式；第三种观点认为违约金既是一种违约责任形式，同时也具有担保作用，此种担保作用是就其作为责任形式本身所具有的担保作用而言的。第三种观点为普遍认同的观点，即违约金既是一种违约责任形式，又是一种独特的担保方式。①

（二）违约金的性质

对于《民法典》第五百八十五条所规定违约金的性质，理论界和实务界存在争议，有“赔偿说”“惩罚说”“赔偿和惩罚双重说”“目的解释说”，但大多持“赔偿和惩罚双重说”的观点。

“赔偿和惩罚双重说”认为，违约金兼有赔偿性和惩罚性的双重属性，以赔偿性违约金为主，以惩罚性违约金为辅，赔偿性体现了违约金的基本功能，惩罚性体现了违约金的特殊功能。②

根据《民法典》第五百八十五条的规定，当事人可以约定违约金，如

---

① 参见刘景一：《合同法新论》，人民法院出版社 1999 年版，第 503—506 页。

② 参见王利明：《合同法研究》（第二卷），中国人民大学出版社 2003 年版，第 696 页。

果当事人约定的违约金数额低于损失，当事人可以请求人民法院或者仲裁机构予以适当增加，使违约金与实际损失相当，这体现了违约金的补偿性。约定的违约金过分高于实际损失的，当事人可以请求人民法院或者仲裁机构予以适当减少。这里强调“过分”，即一般高于实际损失无权请求减少违约金，只有约定的违约金“过分”高于实际损失时才有权请求减少违约金。这说明法律允许违约金在一定程度上大于实际损失，而大于部分就具有惩罚性。

（三）违约金的诉讼时效问题

违约金请求权属于债权请求权，应当适用我国法律有关诉讼时效期间的规定。延期交房、延期办证等各项违约金应当自何时起算诉讼时效期间呢？针对这个问题，应当根据约定违约金的性质区别对待。如果约定的违约金是具体数额的，属于一时性债权，此时从合同约定或法定的交房、办证期限届满之次日起算诉讼时效期间。如果双方在合同中约定以日或者月为单位累计计算违约金数额的，属于持续性债权，应以每个单个的债权分别适用诉讼时效。在持续性债权的情况下，买受人要求出卖人支付延期交房或者延期办证违约金，出卖人在一审法庭辩论终结前提出诉讼时效抗辩的，违约金保护范围为买受人起诉之日前3年。上述两种情形都适用诉讼时效中断或中止的相关规定。

普法提示

对于普通民众而言，购房可谓人生大事儿，成本之高可能花费毕生积蓄，所以说，我们购房时必须谨慎，不能盲目而为，更不能因小失大。为了避免后顾之忧，落实在书面上的合同就显得尤为重要。对于房地产开发公司而言，开发建设房屋虽然是其专业领域，但由于建设成本高、投资金额大，亦导致其回报风险系数高。商品房买卖合同均采用格式合同，格式合同文本的拟定将有助于房地产开发公司有效降低风险、减少隐患。可见，无论对于购房人，还是房地产开发公司，正确签订商品房买卖合同都是非常重要的。

下面分别对商品房的出卖人和买受人提出具体建议：

买受人在签订合同过程中要注意以下几点：一是要认真审查合同文本内容，对房款金额、付款方式、付款期限、办证方式、期限、违约责任等重要合同内容，要逐一研读。尤其是违约责任条款，要认真核实。对于延期支付房款的违约责任，要对自身情况充分衡量之后再签字确认，以防未来出现延期付款违约行为时遭受巨大损失。对于延期交房、延期办证等违约条款，判断约定的违约责任是否足以规制出卖人的违约行为，以及是否足以弥补自身因出卖人的违约行为可能遭受的损失。二是发现合同文本有不明确或不明白的问题，要及时向出卖人询问，并将容易发生歧义之处通过协商方式进一步明确，避免未来出现争议。三是在合同上签字确认后，要保存好合同文本原件、发票原件等重要购房资料，谨防丢失，以防未来办理不动产权证书时出现困难，或者未来发生争议时缺乏原始证据。

出卖人在签订合同过程中应注意以下几点：一是签订合同前应当对销售项目的开发建设进度、期限做好充分评估，对于合同中约定的交房期限、办证期限等关键时间节点要考虑周全，尽量给自己留有余地，以防未来出现延期违约行为。二是拟定合同在考虑自身利益的同时，还要兼顾公平，对于合同内容的约定应秉持共赢的原则，避免“霸王条款”，以防因格式条款而被确认为无效。同时，对于免除或减轻自身责任、加重对方责任、排除对方主要权利的条款应当采用足以引起对方注意的特殊方式加以提示。三是要慎重约定延期交房或延期办证违约条款，充分衡量自身能力，约定切实可行的违约责任，谨防违约金过低或过高可能带来的隐患和损失。

案例四

未达成商品房买卖合同，已支付定金能否返还

——解析商品房预约合同中的几类问题

王雪薇[①]

案情回顾

（一）房屋买卖合同未签成，认购定金何去何从

经过几个月选地段、选户型、筹房款，陆萍萍与汪泽洋夫妇终于选定了各方面都满意的房子。买房对于这个家庭来说是一项重大的消费支出，这套90平方米、总价330万元的房子，需要他们夫妻二人支付200万元的首付款。当年9月16日，夫妻二人与开发商盛翔公司反复协商，盛翔公司承诺办理购房所有手续，并当场给银行人员打电话沟通后，明确表示可以操作代办贷款200万元的首付款。

在此前提下，双方签订了《北京市商品房认购书》（以下简称《认购书》）及《北京市商品房认购书补充协议》（以下简称《认购书补充协议》），其中认购书主要内容为，认购人认购盛翔公司开发的商品房一套，商品房用途为居住，预测建筑面积90平方米，总价330万元。该认购书同时约定，认购人在支付定金7日内与出卖人协商商品房买卖合同的相关条款，如未在约定期限内协商买卖合同相关条款，自期限届满次日起超过1日的，认购书自动解除，已支付的定金不予退还，出卖人可将该商品房另行出卖给第三方。如在约定期限内协商买卖合同相关条款，但未达成一致意见的，自期限届满之次日超过1日，认购书解除，出卖人应当在认购书解除之日起60日内将收取的定金退还给认购人。陆萍萍与汪泽洋于9月16日和9月17日分别交纳

① 北京市房山区人民法院立案庭法官助理。

了4万元和6万元定金，付定金当日，盛翔公司分别出具定金收据一张。

本以为万事俱备只欠“东风”，但“东风”迟迟不来。9月17日至11月27日期间，盛翔公司一直在实际操作代办贷款手续，然而在贷款过程中，因为贷款金额与利息及相关费用同签订认购书时约定的费用偏差较大，且存在不合规操作，陆萍萍与汪泽洋夫妇二人无法支付首付款。10月30日，夫妇二人提交了儿子汪海的身份信息，希望盛翔公司审查以汪海的名义贷款的情形。盛翔公司工作人员在《销售变更申请确认单》客户签字处签署了“汪海”的字样。

11月2日，盛翔公司向陆萍萍、汪泽洋夫妇二人发出了催签函，内容为：“商品房总价款为295万元，您至今只交纳了10万元定金，未签订商品房买卖合同或协议，请于接到本函3日内，来我司提交个人购房资料，签署商品房预售合同，完成付款，否则视为违约，我司有权罚没定金，并可将房屋出售给第三人。”

11月21日，盛翔公司向汪海发出《定金没收告知函》，内容为：“我司已向您发出催签函，最晚于11月8日办理签约付款等手续，但您至今未签订商品房买卖合同，我司将与您解除《认购书》，没收您缴纳的定金，并于11月25日公开销售该房屋。”

买房置业本是一件喜事，然而，暂不提陆、汪夫妇前期选房投入的时间、精力，购房合同还没签成，他们反倒赔进去10万元的定金。陆萍萍、汪泽洋先后向开发商客服中心及相关政府部门投诉，经多部门调解，12月3日，汪泽洋于盛翔公司手写退定金申请一张，载明：“本人汪泽洋、陆萍萍于9月16日认购交纳定金10万元，因银行抵押贷款未成功无法购买，特申请退还定金款。”然而，盛翔公司称退房申请的审批需要提前获得项目负责人的同意，该退房申请未获得审批同意。

10万元的定金对普通家庭不是一个小数目，贷款没办下来，房子没买成，还要搭进去10万元，陆萍萍、汪泽洋夫妇为了挽回自己的损失，起诉至法院，要求盛翔公司双倍返还购房认购定金20万元，并支付误工费、交通费等费用。

（二）合同双方对簿公堂，违约责任难认定

庭审中，盛翔公司辩称：首先，双方签订的认购书明确约定陆萍萍、汪泽洋应当在签订认购书及补充协议之日起 7 日内签订商品房买卖合同，二人没有按照约定的期限来签订合同已经构成违约。后盛翔公司向二人发出催签函，催促陆萍萍、汪泽洋二人及时签订合同并支付购房款。所以违约行为是二人没有及时签订合同。其次，二人要求双倍返还定金的依据是在《认购书补充协议》中约定的，“若认购人已在约定的期限内按约履行原《认购书》及本补充协议的所有义务，出卖人却将该商品房另行出售给他人的，则出卖人向认购人双倍返还定金”。但盛翔公司并未将房屋实际出售给任何人，二人不能据此主张双倍返还定金。最后，认购书仍可以继续履行，且不存在履行障碍，如果存在障碍也是陆萍萍、汪泽洋不能筹集首付款而导致的障碍。

此时，案件的争议焦点集中于《认购书》及《认购书补充协议》是否解除，如果已解除，解除时间如何确定；双方未订立商品房预售合同是否因可归责于一方的原因。

法理分析

（一）关于《认购书》及《认购书补充协议》的解除问题

根据《认购书》及《认购书补充协议》的约定，认购人未在支付定金 7 日内与出卖人协商商品房买卖合同相关条款的，认购书自动解除。但在本案中，双方均认可这两份协议未在该期限内自动解除。那么这两份协议，是否已解除，如已解除，解除的时间如何确定。

盛翔公司认为，其于 11 月 2 日发出的催签函，视为对陆萍萍、汪泽洋未于约定期限签订商品房买卖合同这一违约行为的谅解，且催签函中明确要求二人在收到催签函 3 日内签署合同，否则视为违约，但二人在 3 日的宽限期内并未签署合同，宽限期届满认购书及补充协议自动终止，因此解除时间应为 11 月 6 日。而法院认为，第一，双方合意达成的《认购书》及《认

购书补充协议》并未约定发出催签函这一行为具有单方解除该二份协议的效力。第二，催签函是盛翔公司单方发出的，是对对方迟延履行主要债务的催告，对方仍未履行主要债务的，盛翔公司才享有合同解除权。根据《合同法》（现已失效）第九十六条第一款之规定，当事人一方依照约定的单方解除权或法定解除权主张解除合同的，应当通知对方。即催告不代表通知解除。第三，盛翔公司的《定金没收告知函》是向汪海发出的，不能解除盛翔公司与陆萍萍、汪泽洋的认购协议。因此11月6日，这两份协议并未解除。

而在确认无法办理贷款的情况下，双方对退款事宜进行了协商，汪泽洋在12月3日提交了退定金申请及收据、刷卡人存根等，盛翔公司收取了上述材料。因此可以认定双方在12月3日就解除《认购书》及《认购书补充协议》达成一致意见，即双方是通过协商一致的方式解除了这两份协议。

需要注意的是，本案中法院根据《合同法》（现已失效）认定盛翔公司的通知行为不代表通知解除，而《民法典》第五百六十五条相较于《合同法》增加规定："通知载明债务人在一定期限内不履行债务则合同自动解除，债务人在该期限内未履行债务的，合同自通知载明的期限届满时解除。"盛翔公司的催签函明确要求陆萍萍、汪泽洋于收到通知3日内前往盛翔公司签订商品房买卖合同，否则视为违约，罚没定金，并将房屋转卖给第三人。含有债务人在一定期限内不履行债务则合同自动解除的意思。那么依据《民法典》，是否应认定合同解除的时间为盛翔公司于《催签函》中通知的11月8日呢？这里要明确陆萍萍、汪泽洋需要履行何种"债务"，依据双方签订的《认购书》及《认购书补充协议》，"债务"内容为"在约定期限内协商买卖合同相关条款"，而非盛翔公司要求的"签订商品房买卖合同"，因此盛翔公司要求罚没定金缺乏事实依据，双方也未就解除合同达成合意，仍不应认定双方签订的《认购书》于11月8日解除。

（二）房产公司是否应返还双倍定金？

根据《认购书》及《认购书补充协议》，双方均应在一定期限内协商商品房买卖的相关条款并订立商品房买卖合同。双方一直就首付款的贷款进行沟通，该沟通应视为双方就首付款的交纳方式、交纳期限进行协商，因未达成一致意见，导致商品房买卖合同未能订立。因此，未能订立商品房买卖合同是因不可归责于双方当事人的事由导致的。

陆萍萍、汪泽洋认为贷款未办理成功是盛翔公司的原因。法院认为，办理贷款并非盛翔公司的合同义务，贷款能否办理取决于多方面的因素，陆萍萍、汪泽洋作为完全民事行为能力人，应对此有充分的认识。因此二人以贷款未办理成功为由主张盛翔公司违约是不能成立的。且盛翔公司未将房屋另行出售给第三人，故盛翔公司无须双倍返还定金。

（三）裁判结果

经过上述分析，《认购书》及《认购书补充协议》于12月3日解除，且未能订立商品房买卖合同是不能归责于双方的原因，根据认购书的约定，盛翔公司应当在认购书解除之日起60日内将已收取的定金返还给陆萍萍、汪泽洋。盛翔公司应支付二人的利息损失。

知识拓展

（一）预约合同

预约合同是指当事人约定将来订立正式合同的协议，当事人双方只负有签订正式合同的义务，包括意向书、允诺书、认购书、购买不动产的定金收据、原则协议、谅解备忘录、协议要点、谈判纪要等。“预约，或称预备性契约，是谈判当事人一方或双方为将来订立确定性本合同达成的书面允诺或协议。”[①]

《民法典》第四百九十五条对预约合同作出了规定：“当事人约定在将来

① 吴颂明：《预约合同研究》，载《民商法论丛》2002年第2期。

一定期限内订立合同的认购书、订购书、预订书等，构成预约合同。当事人一方不履行预约合同约定的订立合同义务的，对方可以请求其承担预约合同的违约责任。”

为什么双方当事人不签订商品房买卖合同，而签订商品房预约合同呢？实践中一般是由于客观上不具备签订商品房买卖合同本约的条件，在事实或法律上存在当时不能克服的障碍，如开发商已办妥立项、规划、报建审批手续，尚未缴清土地出让金，尚未取得《商品房销售许可证》等，只能以认购书的形式签订商品房买卖合同。具体到本案，未能成功办理贷款就是事实和法律上不可克服的障碍。

预约合同应具备下列特征：“第一，预约合同是诺成合同。第二，预约是谈判期间对未来事项的预先规划。第三，预约之标的是当事人为将来订立本约而谈判。第四，预约必须具备书面形式。第五，有效的预约应当是有约束力的法锁。”[①] 一般认为，预约合同包括确定条款和不确定条款两部分，确定条款应当是双方已达成的具有本约效力的合同条款。不确定条款即处于未决状态的条款，即确认某些权利义务关系的条件尚未成熟，在存在事实和法律上的障碍时，当事人签订的权利义务不确定的合同条款。[②]

在预约效力期间，当事人的义务包括：（1）实现交易义务。带有未决条款的预约，应当被视为一个有约束力的合同。如未决条款的签订条件成熟，即可通过协商未决条款转变为已决条款，结合预约合同中的已决条款，促使本约成立。（2）双方当事人应遵循诚信原则，尽力完成协商和谈判义务。签订预约合同后，双方当事人依照在预约合同中体现的真实意思，完成填充缺失条款和明确不确定条款的义务，使预约合同确立的原则和计价标准、履约期间等核心条款得以全面、实际履行。

① 吴颂明：《预约合同研究》，载《民商法论丛》2002 年第 2 期。

② 《司法解释理解与适用全集（房地产卷）》，人民法院出版社 2019 年版，第 250 页。

（二）关于认购书的定金罚则及定金返还

《民法典》第五百八十六条规定："当事人可以约定一方向对方给付定金作为债权的担保。定金合同自实际交付定金时成立。定金的数额由当事人约定；但是，不得超过主合同标的额的百分之二十，超过部分不产生定金的效力。实际交付的定金数额多于或者少于约定数额的，视为变更约定的定金数额。"第五百八十七条规定："债务人履行债务的，定金应当抵作价款或者收回。给付定金的一方不履行债务或者履行债务不符合约定，致使不能实现合同目的的，无权请求返还定金；收受定金的一方不履行债务或者履行债务不符合约定，致使不能实现合同目的的，应当双倍返还定金。"《最高人民法院关于审理商品房买卖合同纠纷案件适用法律若干问题的解释》第四条规定了商品房认购协议中定金的处理："出卖人通过认购、订购、预定等方式向买受人收受定金作为订立商品房买卖合同担保的，如果因当事人一方原因未能订立商品房买卖合同，应当按照法律关于定金的规定处理；因不可归责于当事人双方的事由，导致商品房买卖合同未能订立的，出卖人应当将定金返还买受人。"

认购书，即商品房预约合同中常出现订金、押金等字样，不能将其一概视为法律意义上的定金，但如果认购书中明确载明双方未签订正式的商品房买卖合同，买受人违约订金、押金不退还，出卖人违约双倍返还订金、押金，那么此时押金和订金就具有定金的性质。认购书中的定金是立约定金，是为了保证正式签订合同而交付的定金。

司法实践中常见的问题是，如双方不能就商品房买卖合同协商一致，是否可以推论是一方当事人违约，拒绝订立主合同，进而对其适用定金罚则呢？这里要明确适用定金罚则的前提，即"因当事人一方原因未能订立合同"，换言之，如因"不可归责于当事人双方的事由"导致买卖合同未能订立，则不适用定金罚则。

结合具体案例说明，2016 年 12 月，李林与彩月公司签订《北京市商品房认购书》，约定李林向彩月公司购买商品房一套，房屋用途为办公，建筑面积 120 平方米，总价款 299 万元，付款方式为贷款，李林需在 12 月 20 日前补齐首付款 190 万元。12 月 17 日，李林以刷卡形式向彩月公司支付 200 万元房款。2017 年 3 月 26 日，北京市住房和城乡建设委员会等部门联合下发《关于进一步加强商业、办公类项目管理的公告》，根据该公告，李林不具备商业、办公类项目商品房的购房资格。因政策性改变，李林无法办理购房手续，故要求彩月公司退还预约购房款，依法解除合同。法院认为，因限购政策的影响，李林不具备购买涉案商品房的资格，认购书客观上无法继续履行，故支持李林解除认购书的诉讼请求，并判令彩月公司返还购房款。本案中，政策性改变即构成了“不可归责于当事人双方的事由”。需要注意的是，该案例中，法院认定涉案认购书虽名为认购，但已具备商品房买卖合同的主要内容，且李林已支付部分房款，因此将该认购书认定为商品房买卖合同。

近几年来，为了配合“房住不炒”的基本国策，我国各地如火如荼地实施着各类限购限贷措施，而政策的变化也引发了一些商品房预售合同纠纷。针对此类问题，各地采取了不同做法，例如《北京市高级人民法院民一庭关于妥善处理涉及“3.17 新政”的房屋纠纷案件若干问题的会议纪要》明确“对于合同订立后由于‘3.17 新政’的实施致使合同无法继续履行的，属于因不可归责于双方当事人的原因导致合同目的无法实现。当事人要求解除合同的，除合同另有约定外，一般应予支持……因‘3.17 新政’原因导致合同解除后，出卖人应当将收受的购房款或定金返还给买受人；当事人一方要求另一方承担违约责任或适用定金罚则的，不予支持。”

实践中，还会经常出现的问题是开发商的销售人员为提高业绩，以承诺补缴社保或允许变更购房人等方式促使不具备购房条件的购房人签订预售合同或相关的预约协议。从购房人的角度，销售人员的此种“承诺”一般均通过口头方式表达，难以取得有效的证据加以证明。但如确有证据证明开发商做出过此类承诺而无法兑现的，预售合同也同样因履行不能而应解除，购房人所付款项亦应退还，开发商是否应根据《民法典》第五百条之规定承担缔约过失责任，值得探讨。《最高人民法院关于审理商品房买卖合同纠纷案件适用法律若干问题的解释》第四条仅规定了违反认购书约定的定金罚则的运用方法，未规定违约责任和赔偿责任。“合同虽未正式签订，但当事人因签订认购书之故，可能已发生了相当费用并放弃了众多其他机会，这种损失被称为信赖利益，为法律保护的客体之一。”[①] 因此也存在购房人向开发商主张信赖利益赔偿的空间。

（三）关于本约与预约的认定

《最高人民法院关于审理商品房买卖合同纠纷案件适用法律若干问题的解释》第五条规定：“商品房的认购、订购、预订等协议具备《商品房销售管理办法》第十六条规定的商品房买卖合同的主要内容，并且出卖人已经按照约定收受购房款的，该协议应当认定为商品房买卖合同。”这一条是关于如何认定名为商品房买卖认购书、实为商品房买卖合同的规定。在这里商品房买卖合同是本约，认购书是预约。

本约与预约存在以下区别：第一，订约时间不同。预约是谈判期间对未来事项的预先规划，承担的是缔约过失责任。本约是民事合同权利义务全部定型后签订的，双方应承担合同义务。第二，预约合同是诺成合同，本约是实践合同，交付是本约履行的重要内容。第三，签订预约合同的目的是订立本约。

该条司法解释认定名为预约实为本约应具备两个条件：一是具备《商品房销售管理办法》第十六条规定的商品房买卖合同的主要内容；二是出卖人已按照约定收取购房款。这里所称的购房款既包括全款，也包括分购房款。

结合具体案例说明，2009 年 6 月 24 日，夏东海与天晟公司签订了认购协议，约定天晟公司开发的“北京半岛”项目已具备《国有土地使用证》等相关许可，其他手续在办理过程中，夏东海拟预定该项目房屋，待天晟公司获得《商品房预售许可证》后，双方签订《商品房预售合同》。同时约定，夏东海支付 80 万元作为意向金，剩余房款待正式签订合同后付清。如天晟公司未为夏东海保留房屋，需双倍返还意向金。协议签订后，夏东海支付了

---

① 谭蓉：《浅析商品销售中的认购书》，载《人民法院报》2002 年 8 月 6 日。

80万元意向金，然而天晟公司在“北京半岛”项目取得《商品房预售许可证》后，未通知夏东海签订商品房预售合同。故夏东海起诉至法院要求双方继续履行认购协议。天晟公司辩称，双方签订的认购协议是商品房预约合同，而非商品房预售合同，至于嗣后是否签订房屋买卖合同，应尊重市场经济条件下的契约自由，不能强制天晟公司缔约。法院经审查，认为双方签订的认购协议可以认定为商品房买卖合同，符合《最高人民法院关于审理商品房买卖合同纠纷案件适用法律若干问题的解释》第五条之规定，且夏东海支付了80万元意向金，应视为天晟公司收受了购房款。

普法提示

在房地产市场蓬勃发展的今天，购房对于一个家庭来说无疑是一项重大开支，往往要倾注积蓄或者背上债务，在签订正式的商品房预售合同或商品房买卖合同之前，签订的商品房预约合同是对嗣后风险的一种缓冲机制。一般商品房预约合同仅约定了定金罚则，未约定违约责任或赔偿责任，相较于未达成商品房买卖合同构成违约，商品房预约合同违约，买卖双方承担的风险相对较小。而双方在签订商品房预约合同时仍要尽到审慎的义务。具体而言：

（一）购房者要增强法律意识，依法维护自己合法权益

商品房预约合同纠纷案件中，一方面购房者要事先了解政策法规，自己是否具备购房者资格，是否受限购、限贷政策的制约，避免因自身原因而不能签订商品房购房合同，尽可能促成预约合同向正式合同的转化。此外，购房者还应当了解开发商的资质，如开放项目是否已立项，如尚未立项开发商就向社会公众销售房屋，认购书就不是针对特定项目所签订，认购书上所有的条款都是不确定的，缺乏商品房买卖的现实基础，这一阶段订立的认购书与非法融资无异。因此，购房者平时要注意加强对法律知识的学习，对相关的规定有所了解。另一方面购房者也要积极履行自己的义务：在交纳定金前，

明确收受定金的主体，并要求其开具收受定金的收据；在订立预约合同交纳定金后，与开发商协商签订商品房买卖合同事宜，增强留存固定证据意识，避免因证据不足定金无法退赔的情况。

（二）开发商要规范合同格式，加强与购房者之间的沟通，妥善处理矛盾纠纷

开发商应当认真分析目前商品房销售合同纠纷中反映出来的合同文本问题，对合同条款进行修改、完善，统一合同格式，一方面避免利用自身优势制定格式条款合同对购房者造成不利；另一方面也防止因合同存在漏洞给开发商造成负担，给房地产市场造成混乱。

（三）完善信息公开制度，解决信息不对称问题

行政管理部门应强制房地产开发商就其开发销售房产的真实信息进行备案，并进行完整公开，使购房者全面了解所购房屋的真实信息，并对违反真实披露义务的行为予以行政处罚；及时规制和查处虚假、夸大宣传行为，维持商品房销售市场的良好秩序。

案例五

商品房买卖合同纠纷中当事人如何行使合同解除权？

——浅谈合同解除权与情势变更原则

姜婕[①]

合同解除，是指在合同成立后，当解除的条件具备时，因当事人一方或双方的意思表示，使合同自始或仅向将来消灭的行为。商品房买卖合同解除的法律意义，在于保障房屋的出卖人或者买受人可以采取措施防止损害发生或者避免损失扩大并获得法律救济。

案情回顾

2016年10月27日，星光公司（出卖人）与小华（买受人）签订《北京市商品房预售合同（商业、办公等非住宅类）》（以下简称预售合同），约定星光公司将位于房山区某综合商业楼的一处商品房出售给小华，该商品房的规划用途为商业，预测建筑面积55.01平方米，其中，套内建筑面积50.59平方米，按照套内建筑面积计算，单价每平方米42612.1元，总价款2155746元。预售合同关于逾期付款的责任约定为："按照逾期时间，分别处理〔（1）和（2）不作累加〕:（1）逾期在三十日之内，自约定的应付款期限届满之次日起至实际支付应付款之日止，买受人按日计算向出卖人支付逾期应付款万分之一的违约金，并于实际支付应付款之日起三十日内向出卖人支付违约金，合同继续履行。（2）逾期超过三十日后，出卖人有权解除合同。出卖人解除合同的，买受人应当自解除合同通知送达之日起三十日内按照购房合同总额的10%向出卖人支付违约金，并由出卖人退还买受人全部已付款。出卖人未解除合同的，合同继续履行，自约定的应付款期限届满之次日

---

① 北京市房山区人民法院审判员。

起至实际支付应付款之日止，买受人按日计算向出卖人支付逾期应付款万分之二的违约金，并于实际支付应付款之日起三十日内向出卖人支付违约金。买受人有本项约定之违约情形但出卖人未解除合同即由买受人支付违约金后继续履行的，买受人再次出现违约付款情形，无论逾期时间长短，出卖人均有权按照本项约定追究买受人的违约责任。出卖人应当于2017年9月28日前向买受人交付该商品房。”预售合同附件五对付款方式及期限的约定为："买受人于签订合同当日首付1085746元，余款1070000元以贷款方式付清；买受人申请贷款的利率、额度与年限最终以银行核定为准，出卖人不保证买受人的贷款申请必然得到银行批准。买受人在签订合同时，已经充分了解到贷款的办理条件、程序及需要提供的资料和需交纳的全部费用，并承诺自己的偿还能力、信用情况等都符合贷款银行的办理条件，在银行受理买受人抵押贷款资料后，如因买受人不具备银行要求的偿还能力或信用情况不符合银行要求，或银行按揭贷款政策发生变动，导致买受人未能获得银行贷款或银行要求提高首付的，买受人在收到出卖人或银行电话或书面通知之日起三十日内补齐全额房款或首付款。到期未补足的，买受人按合同第十条规定承担逾期付款的违约责任。”预售合同还对双方的其他权利义务作了约定。

小华于2016年9月17日交纳房款50000元，于2016年10月27日交纳房款1035746元，并向银行提交了贷款申请资料。

然而，2017年3月26日北京市住房和城乡建设委员会等部门联合发布的《关于进一步加强商业、办公类项目管理的公告》要求商业银行暂停对个人购买商办类项目的个人购房贷款。受该政策影响，小华的贷款申请未获批准。

2017年8月27日，星光公司与小华签订《关于变更付款方式的补充协议》（以下简称补充协议），约定双方同意并确认，将约定的银行按揭付款变更为："买受人于签订合同当日付第一期房款1185746元；第二期房款110000元于2017年12月30日前付清；第三期房款430000元于2018年6月30日前付清；第四期房款430000元于2018年12月30日前付清，同时无须出卖人提供任何协助手续。除上述变更外，合同其余条款内容不变，对买卖双方具有约束力。”

当日，小华向星光公司交纳房款100000元。2018年4月11日，小华向星光公司交纳房款110000元。此后，小华未交纳剩余房款。小华已接收涉案房屋。

因此星光公司提起诉讼，要求法院判令：第一，小华向星光公司支付逾期应付款430000元。第二，小华向星光公司支付违约金，自2018年12月31日起，按照逾期应付款万分之二计算至逾期应付款实际付清之日止。第三，小华承担本案诉讼费用。

小华辩称，不同意星光公司的诉讼请求，主要理由是其购买涉案房屋是为了居住，但是2017年3月26日北京市住房和城乡建设委员会等部门联合发布的《关于进一步加强商业、办公类项目管理的公告》第七条规定，商业银行暂停对个人购买商办类项目的个人购房贷款。无法贷款，其无力承担后期的房款。根据《最高人民法院关于审理商品房买卖合同纠纷案件适用法律若干问题的解释》第二十三条（现第十九条）、《最高人民法院关于适用〈中华人民共和国合同法〉若干问题的解释（二）》（现已失效）第二十六条的规定，请求法院解除合同。小华向法院提出反诉请求：第一，判令解除小华与星光公司之间的预售合同及补充协议；第二，判令星光公司返还小华购房款1360000元及利息（以1360000元为基数，按照中国人民银行同期贷款利率计算，自2016年10月27日起计算至实际付清之日止）；第三，判令星光公司承担本案的诉讼费用。

星光公司针对小华的反诉请求辩称，小华的反诉请求不能成立。小华认为合同履行过程中无法办理商业贷款可以解除合同的依据是情势变更原则，但在政策变动之后，双方又签订了补充协议，付款方式由原来的按揭贷款变成了分期付款，星光公司是依据双方签订的分期付款协议要求小华承担逾期付款的违约责任，所以小华主张的所谓情势变更原则，本案不应适用。因此请求驳回小华的反诉请求。

法院经审理认为，小华与星光公司在自愿基础上签订的预售合同，是双方真实意思的表示，且不违反法律、行政法规的强制性规定，应为有效。依法成立的合同，对当事人具有法律约束力。当事人应当按照约定履行自己的义务，不得擅自变更或者解除合同。小华与星光公司通过协商一致的方式签订补充协议，该补充协议亦对双方具有法律约束力。小华虽称签订该补充协议并非其真实意思表示，但未提交证据予以证明，法院对此不予采信。小华以商业银行不能贷款无力支付剩余购房款为由要求解除预售合同，星光公司不同意解除，要求继续履行预售合同。本案中，双方已经通过变更付款方式将银行按揭付款变更为分期付款，显然不属于原《最高人民法院关于审理商品房买卖合同纠纷案件适用法律若干问题的解释》第二十三条（现第十九条）中规定的情形。政策变更虽然可能对小华办理按揭贷款有影响，但在双方变更付款方式的情况下，批贷问题并非不能预见，并非由不可抗力造成，不属于商业风险的重大变化，不适用情势变更原则。小华未履行主要合同义务，为违约一方，不享有法定解除权。鉴于星光公司不同意解除预售合同，且小华不具备法定或约定的合同解除权，故对于小华要求解除双方之间的预售合同，进而要求星光公司返还购房款、支付购房款利息的反诉请求，法院不予支持。

小华作为购房人，支付购房款是其主要的合同义务。小华应当按照预售合同及补充协议的约定支付购房款。小华未在约定的期限内支付第三期、第四期的款项，应当根据预售合同的约定支付逾期付款违约金。

最终法院判决小华支付星光公司购房款 860000 元，按每日万分之二的标准向星光公司支付逾期付款违约金（以 430000 元为基数，自 2018 年 7 月 1 日起计算至实际支付之日止；以 430000 元为基数，自 2018 年 12 月 31 日起计算至实际支付之日止），并驳回小华的反诉请求。

那么在实践中，当事人在何种情况下享有合同解除权？何种情形下适用情势变更原则？

法理分析

本案的争议焦点是小华是否享有合同解除权以及是否适用情势变更原则。要回答上述问题，首先要厘清合同解除权在不同情况下的行使主体、情势变更原则的适用条件以及情势变更与商业风险的区别，接下来分别就上述问题进行讨论。

（一）合同解除权的行使主体

根据《民法典》合同编的规定，合同解除主要包括约定解除、法定解除。对于约定解除，因解除权的产生是基于双方当事人的协议和约定，当事人对合同是否可以解除、在什么条件下解除、如何解除等问题事先达成一致，审判实践中一般不会发生合同解除权行使主体的争议。但对于法定解除权的行使主体以及违约方是否有权解除合同，因为立法上没有进一步的明确规定，导致实践中存在较大争议。首先应当区分合同解除是因一方当事人的违约行为还是不可归责于双方当事人的事由引起的。因一方当事人的违约行为导致合同解除的，只有守约方才享有合同解除权，违约方一般不得解除合同，但在特定条件下，应当赋予违约方相应的合同解除权，以符合稳定交易秩序的需要；因不可归责于双方当事人的事由导致合同解除的，双方当事人均有权解除合同。

原《最高人民法院关于审理商品房买卖合同纠纷案件适用法律若干问题的解释》第二十三条（现第十九条）规定："商品房买卖合同约定，买受人以担保贷款方式付款、因当事人一方原因未能订立商品房担保贷款合同并导致商品房买卖合同不能继续履行的，对方当事人可以请求解除合同和赔偿损失……"具体到本案中，双方已经通过变更付款方式将银行按揭付款变更为分期付款，显然不属于第二十三条规定的情形。结合双方签订的合同，小华未履行主要合同义务，为违约一方，亦不享有《合同法》第九十四条（现已失效，相关规定见《民法典》第五百六十三条）的法定解除权。鉴于星光公司不同意解除预售合同，且小华不具备法定或约定的合同解除权，故对小华的诉讼请求，法院无法支持。

（二）合同解除与情势变更

情势变更原则是指在契约成立之后、正式履行之前发生了不可归责于双方当事人的事由，致使契约成立的基础被削弱甚至丧失，若继续履行则显失公平，受影响的当事人可向法院请求变更合同或者解除合同。

情势变更原则的适用条件主要有：

1. 客观情势的变动

“情势”又被称为“情事”，指的是契约成立之时社会的经济、生态、政治、外交、金融等各个方面的环境，且必须是客观具体的情况、状态或者事件。“变更”则是指情势的变动，这种变动有两层含义：第一，这种变动是条件的客观变化，不以人的主观意志为依据；第二，这种变动对于契约的履行来说是阻力，是剧烈的、不正常的。

2. 时间的界定

情势变更原则的适用时间即在契约的订立与实际履行之间。如果情势在契约订立之前就已经变更，则当事人的法律行为应当以变动之后的情势作为依据。同样，如果情势变更在实际履行之后发生，则双方权利义务已经对等履行，法律关系消灭，情势变更已经没有意义。

3. 维持契约的履行则显失公平

情势变更原则所追求的价值是维持公平和正义，主要就体现在对“显失公平”的把握上。这种“显失公平”是指在契约订立之后，当事人实际履行义务之前，发生了情势的变动，这种变动使得双方权利义务极度不对等，或者使得契约默认的履行基础和环境受到破坏，无法继续履行，或者继续履行会让所追求的原始目的落空。如果继续履行，则会使一方当事人遭受巨大损失，有违公平正义原则。

4. 当事人无法预见情势变更

无法预见，是指一方或双方当事人对情势变更不能预料。如果双方当事人都没有预见，自然符合；如果一方当事人依其能力和当时所处的环境无法预见，而另一方有预见，却并未在契约中体现，那么一旦发生了情势变更，则未预见的一方有权利向法院申请适用情势变更原则，可预见的一方无此权利。当然，如果双方都能预见却都没有在契约中约定，则不能适用情势变更原则。

5. 情势变更不可归责于双方当事人

不可归责于双方当事人的意思是指，情势的变动相对于双方当事人来说都是无过错的。若是因为当事人的故意或者过失而使契约无法履行或者显失公平，则不符合情势变更原则适用的条件。

原《最高人民法院关于审理商品房买卖合同纠纷案件适用法律若干问题的解释》第二十三条（现第十九条）规定："商品房买卖合同约定，买受人以担保贷款方式付款、因当事人一方原因未能订立商品房担保贷款合同并导致商品房买卖合同不能继续履行的，对方当事人可以请求解除合同和赔偿损失。因不可归责于当事人双方的事由未能订立商品房担保贷款合同并导致商品房买卖合同不能继续履行的，当事人可以请求解除合同，出卖人应当将收受的购房款本金及其利息或者定金返还买受人。"具体到本案，小华认为合同履行过程中无法办理商业贷款可以解除合同的依据是情势变更原则，但在政策变动之后，双方又签订了补充协议，付款方式由原来的按揭贷款变成了分期付款，星光公司系基于双方签订的补充协议要求小华承担逾期付款的违约责任，所以小华主张的所谓情势变更原则，显然不具有事实和法律依据。

（三）情势变更与商业风险

实践中，情势变更与商业风险难以区分，其主要区别体现在：（1）商业风险通常是应当预见的，而情势变更通常并不能预见。（2）二者在过失的有无方面不同，商业风险由于具有可预见性，因此可以说当事人对此存有过失；而情势变更一般由于不具有可预见性，因而不存在过失问题。（3）通常商业风险没有达到异常的程度，而情势变更往往是情势的变化显著异常。（4）从结果来说，商业风险是能够由当事人自行承担的，通常当事人也将此种风险合理计算在内并形成相应的合同价格，由一方当事人自行承担并不会发生不公平的后果；情势变更则是由于当事人缔约时不可预见的情势变更，如果坚持履行，在结果上会对一方当事人显失公平，另一方当事人可能不恰当地获取超常利益，有悖于诚实信用原则。

知识拓展

（一）合同解除的分类及法律属性

合同解除主要包括约定解除、法定解除。第一，约定解除，是指当事人双方在合同中约定，在合同成立以后，没有履行或没有完全履行之前，由当事人一方在某种解除合同的条件成就时享有解除权，并可以通过行使合同解除权，使合同关系消灭。[①]《民法典》第五百六十二条第二款规定："当事人可以约定一方解除合同的事由。解除合同的事由发生时，解除权人可以解除合同。"第二，法定解除，是指在合同成立后，没有履行或者没有全部履行完毕以前，当事人一方通过行使法定的解除权而使合同效力消灭。[②]其特点在于由法律直接规定合同解除的条件，当该条件成就时，当事人可依据法律的明文规定直接行使解除权解除合同，而无须征得对方的同意。根据《民法典》第五百六十三条第一款的规定，解除合同的法定事由有下列五种情形：（1）因不可抗力致使不能实现合同目的；（2）在履行期限届满之前，当事人一方明确表示或者以自己的行为表明不履行主要债务；（3）当事人一方迟延履行主要债务，经催告后在合理期限内仍未履行；（4）当事人一方迟延履行债务或者有其他违约行为致使不能实现合同目的；（5）法律规定的其他情形。

（二）合同解除权的性质

通说认为，解除权是一种形成权。形成权，是指一方当事人可以以自己单方的意思表示，使法律关系发生变动的权利。按照梅迪库斯的看法，形成权是"法律允许权利主体对某项法律关系采取单方面的行动"[③]"形成权

---

① 王利明：《合同法研究》，中国人民大学出版社 2011 年版，第 297—298 页。

② 崔建远、韩世远、于敏：《债法》，清华大学出版社 2010 年版，第 284 页。

③ ［德］迪特尔·梅迪库斯：《德国民法总论》，邵建东译，法律出版社 2000 年版，第 68 页。

人有权以单方需受领的意思表示变更债务关系的内容，特别是终止此种债务关系[①]”。

《民法典》第五百六十二条第二款和第五百六十三条第一款所规定的解除权在性质上属于形成权。首先，解除权制度是在合同履行受挫时为避免订约主体利益失衡而采取的“逃离”机制，其目的是迅速地了结当事人之间的契约关系，使无辜受损方迅速摆脱合同束缚。而当事人通常不能就合同关系的解除取得合意，“在此种情形下，由于受到债务关系的拘束，单方摆脱合同通常是不可能的。其仅在例外情形下才考虑在范围之内，即意欲摆脱合同债务关系束缚的那一方当事人拥有相应的形成权”。[②]若要求解除权须以请求权的方式行使，会造成解除效率的低下和交易成本的增加。在此理念下，我国合同法采用了意思表示到达对方时解除行为生效的形成权模式。其次，从《民法典》第五百六十五条第一款规定的文义来看，合同解除的效力依单方意思表示发生。最后，在某些情形下，形成权通过诉讼得以实现，在相关判决确定后发生法律效力，谓之形成诉权。如《最高人民法院关于使用〈中华人民共和国合同法〉若干问题的解释（二）》（现已失效）第二十六条规定情势变更解除权需法院介入方可行使，在此意义上解除权亦是一种形成权。

（三）合同解除权的行使方式

合同解除的方法主要有以下三种：（1）以通知解除合同。《民法典》第五百六十五条第一款规定：“当事人一方依法主张解除合同的，应当通知对方。合同自通知到达对方时解除；通知载明债务人在一定期限内不履行债务则合同自动解除，债务人在该期限内未履行债务的，合同自通知载明的期限届满时解除。对方对解除合同有异议的，任何一方当事人均可以请求人民法

① ［德］迪特尔·梅迪库斯：《德国民法总论》，杜景林、卢谌译，法律出版社 2004 年版，第 62 页。

② ［德］迪特尔·梅迪库斯：《德国民法总论》，杜景林、卢谌译，法律出版社 2004 年版，第 390 页。

院或者仲裁机构确认解除行为的效力。”本条明确规定了当事人一方在约定解除事由或法定解除事由发生而想要行使解除权时，必须通知相对人，合同自通知到达相对人时发生解除的效力。（2）诉讼解除，也叫司法解除、判决解除，即解除权的行使不能仅凭当事人的意思表示，而必须借助于司法审判程序来完成。（3）自动解除，是指当符合法律规定或合同约定的解除事由或要件出现时，无须当事人提出意思表示或经过法院的裁判确认，双方当事人的合同关系自动而当然的消灭。

（四）合同解除的效力及合同解除权的消灭

合同解除的直接法律后果是使合同关系消灭，合同不再履行。合同解除的效力是合同解除制度中的核心问题，《民法典》第五百六十六条第一款明确规定：“合同解除后，尚未履行的，终止履行；已经履行的，根据履行情况和合同性质，当事人可以请求恢复原状或者采取其他补救措施，并有权请求赔偿损失。”

合同解除权消灭，是指由于某些法定事由，使当事人一方取得的合同解除权归于消灭。解除权属于形成权，仅凭单方意思表示就可以发生效力，解除权有利于保护解除权人的利益，若解除权规定不当，也容易造成解除权的滥用，因此，设立合同解除权消灭制度有利于保证交易安全和秩序。合同解除权消灭的原因主要有以下几种：

（1）期间届满。合同解除权消灭期间是法律的特别规定，为除斥期间。在除斥期间内，法律为某种权利规定一个不变期间，只要时间届满，不管其他事由如何，该项权利消灭。

（2）催告而未行使。在解除权行使期间上，法律未作明确规定时，债务人可以确定相应期间，催告解除权人在期间内明确答复是否解除合同。如果该期间内债务人未收到解除通知，则债权人解除权消灭。《最高人民法院关于审理商品房买卖合同纠纷案件适用法律若干问题的解释》第十一条对催告解除权人行使解除权的期限作了明确的规定，即经催告后，解除权行使的合理期限为3个月，逾期不行使的，解除权消灭。

（3）受领标的物不能返还。有解除权的人，因可归责于自己的原因致其所受领的标的物毁损灭失，或者其他情形不能返还的，解除权消灭。

普法提示

近年来，随着我国住房市场改革的深化、房地产市场迅猛发展、房屋交易量不断攀升，因房屋买卖而发生的纠纷也在逐年增多。

实践中，在商品房买卖合同履行的过程中，往往还会涉及多方面的法律问题，因商品房买卖合同解除带来的法律问题也相对较多，比如：（1）现在大多数人在购买商品房的时候基本都是采用按揭贷款的形式支付房款，房地产交易客观上形成了房屋出售方、购房人与银行之间的三角法律关系，即房屋出售方与购房人之间的房屋买卖合同关系、购房人与银行之间的按揭贷款合同关系以及房屋出售方与银行之间的担保关系，那么买卖合同的解除必然又会影响贷款合同的履行，根据《最高人民法院关于审理商品房买卖合同纠纷案件适用法律若干问题的解释》第二十条的规定，"因商品房买卖合同被确认无效或者被撤销、解除，致使商品房担保贷款合同的目的无法实现，当事人请求解除商品房担保贷款合同的，应予支持"。可见，上述法条赋予了当事人解除担保贷款合同的权利，后续必然涉及解除效果的溯及力、解除后的恢复原状与赔偿损失等一系列问题。（2）出卖人和买受人在签订商品房买卖合同后，存在较长时间的合同履行期，在此期间，作为出卖人的开发商，基于房屋销售行为要向税务机关缴纳土地增值税、营业税及其附加、企业所得税等税费；买受人在办理房屋产权登记前需要缴纳维修基金、契税等税费。那么在买卖合同解除后，买卖双方基于交易行为而缴纳的各类税款如何办理退税也是一个值得探讨的问题。一般来说，在无特别约定的情况下，因解除合同导致的已缴纳税款损失应由纳税主体来承担。

房屋作为不动产，对于广大普通居民来说在财产构成中居于非常重要的地位，很多人用一辈子的积蓄才能买一套房，因此在购买房屋的过程中，要增强法律意识，理性对待、合理消费。

本案例简要地介绍了合同解除权和情势变更原则的适用。希望广大读者能够对合同解除权和情势变更原则有基本的了解，并在实践中了解合同解除权的行使主体及条件，明白在何种情形下能够适用情势变更原则。

案例六

房屋质量问题的权益维护

——因房屋质量问题解除合同的条件

杨国兴[①]

买房对很多家庭来说是头等大事，也是最大的一笔支出了。大家都希望能买到称心如意的房子，以提高自己的生活质量。但是，如果购买的房子存在质量问题，如何通过法律渠道保护自己的权益呢？

案情回顾

2007 年 8 月 24 日，张晓欣与煜明公司签订了商品房买卖合同一份，约定张晓欣购买煜明公司开发的位于秦皇岛市北戴河区的海韵假日房屋一套，建筑层数地上三层，房屋价款人民币 180 万元，双方在合同中还对房屋面积、双方权利义务以及应如何承担违约责任等进行了约定。合同签订前，张晓欣向煜明公司交纳了 5 万元定金。合同签订的当日，张晓欣又交纳了其余的房款 175 万元以及配套费 5000 元、维修基金 3.6 万元、2007 年物业费 2291 元、装修保证金 1000 元、预存水费 1000 元。煜明公司于 2007 年 8 月 24 日交付了房屋，并为张晓欣出具了商品住宅质量保证书。2008 年 6 月，张晓欣在对房屋装修过程中发现房屋墙体开裂、通缝，外承重墙漏水等现象，遂就上述问题与煜明公司进行了交涉。煜明公司召集施工单位和设计单位就原告提出的上述房屋质量问题进行了现场查验。经查验，煜明公司认为墙体裂纹属于一般质量问题，同意按保修规定进行维修。张晓欣不同意煜明公司进行维修，认为该房屋所存在的质量问题严重影响其居住使用，应解除合同并赔偿相应损失。双方之后又多次交涉未果，张晓欣遂诉至法院，要求解除与煜明公司签订的商品房买卖合同并要求煜明

① 北京市房山区人民法院立案庭法官助理。

公司赔偿损失。

诉讼中，张晓欣要求对本案争议房屋的有关构造柱的设置是否符合国家规范《建筑抗震设计规范》第7.3.1条之规定，《建筑抗震设计规范》是否属于房屋结构安全的国家建筑规范进行鉴定。法院委托上海同济大学房屋质量检测站对上述鉴定内容进行了鉴定，同济大学为此于2010年12月15日出具了《海韵假日二期别墅5号单元房屋质量检测评定报告》，该报告的检测结论为："1. 根据国家规范《建筑抗震设计规范》第7.3.1条规定，该房屋楼梯间2/–11轴位置缺构造柱。2. 根据中华人民共和国住房和城乡建设部公告以及发布的国家标准，《建筑抗震设计规范》第7.3.1条为强制性条文。3. 争议房屋楼梯间2/–11轴位置所缺构造柱在该房屋的设计图纸上设计单位没有进行相应设计，被告开发的该小区其他房屋的设计图纸上，楼梯间2/–11轴位置均设计有相应构造柱。"后张晓欣申请对涉案房屋是否存在主体质量问题进行补充鉴定，法院委托同济大学房屋质量检测站进行补充鉴定，同济大学房屋质量检测站于2012年11月20日为此出具了《海韵假日二期别墅5号单元房屋质量检测补充鉴定报告》，该补充鉴定报告的检测结论为："1. 涉诉房屋所涉及的构造柱属于主体结构；2. 国家规范《建筑抗震设计规范》中的强制性条文必须严格执行；3. 不符合《建筑抗震设计规范》第7.3.1条强制性条文规定，会影响主体结构的质量与安全，属于主体结构的质量问题；4. 不符合《建筑抗震设计规范》第7.3.1条强制性条文规定，缺少构造柱，表明该主体结构不符合国家规范《建筑抗震设计规范》设计要求。该主体结构不能达到国家规范规定的抗震设防烈度为7度地区（秦皇岛市）的抗震设防安全标准。该主体结构在正常使用时的安全不会受到影响，但是在地震作用下安全会受到影响，而该房屋位于7度设防区，必须考虑地震作用；5. 如执行《建筑抗震设计规范》第7.3.1条强制性条文，该主体结构不属'合格'情形，必须进行改正。综上所述，该房屋缺少构造柱，不能达到规定的抗震设防烈度为7度地区的抗震设防安全标准，房屋主体结构质量不合格，会影响房屋安全使用。"为确定双方损失，原告向法院提出申请，要求对本案争议房屋的现有价值和装修损失进行评估，法院委托嘉诚价格咨询服务有限公司对本案争议房屋的现有价值和 2008 年 6 月以前原告的装修投入进行了鉴定，鉴定结论为：联排别墅一套，毛坯房总价 2906000 元，毛坯房单价 14458 元，装修款 210244 元，合计 3116244 元。

法院经审理认为，张晓欣与煜明公司于 2007 年 8 月 24 日签订的商品房买卖合同，双方当事人意思表示真实，不违反法律、行政法规的强制性规定，为有效合同，双方均应按照合同约定全面履行各自的义务。根据上海同济大学房屋质量检测站出具的检测结论及补充鉴定结论，被告煜明公司出售给原告张晓欣的房屋楼梯间 2/-11 轴位置缺构造柱，违反了《建筑抗震设计规范》的强制性规定，不符合国家标准。因构造柱的设置是房屋主体结构的组成部分，在国家标准应设置构造柱的位置没有设置构造柱，应认定该房屋主体结构存在质量问题，上述情形属于《最高人民法院关于审理商品房买卖合同纠纷案件适用法律若干问题的解释》第十二条（现第九条）规定的因房屋主体结构质量不合格不能交付使用，或者房屋交付使用后，房屋主体结构质量经核验确属不合格的情形。在此情况下，原告张晓欣有权要求解除双方签订的商品房买卖合同并要求被告赔偿其因此受到的损失，故原告张晓欣要求解除合同并赔偿损失的诉讼请求应予支持。原告张晓欣的具体损失为因房屋涨价和装修形成的损失，经法院委托鉴定，该房屋的现有价值为 2906000 元，实际损失为 1106000 元，装修损失为 210244 元。双方解除合同后，原告张晓欣将本案争议房屋退还被告煜明公司，被告煜明公司应返还原告张晓欣购房款 1800000 元和原告张晓欣已交配套费 5000 元、维修基金 36000 元、2007 年物业费 2291 元、装修保证金 1000 元、预存水费 1000 元。因被告煜明公司出售的房屋主体结构存在质量问题系导致双方合同解除的原因，被告煜明公司应对此产生的损失承担相应的赔偿责任。因此，法院判决：第一，解除原告张晓欣与被告煜明公司于 2007 年 8 月 24 日签订的商品房买卖合同；第二，原告张晓欣将涉诉房屋于判决生效后 10 日内返还被告煜明公司；第三，被告煜明公司返还原告张晓欣购房款 1800000 元、配套费 5000 元、维修基金 36000 元、2007 年物业费 2291 元、装修保证金1000元、预存水费1000元；第四，被告煜明公司赔偿原告张晓欣因房屋涨价形成的损失1106000元，装修损失210244元；第五，驳回原告张晓欣其他诉讼请求。

法理分析

（一）涉诉商品房买卖合同解除的法律依据

本案的争议焦点在于涉诉商品房买卖合同能否解除。在商品房买卖合同中，并不是所有商品房出现质量问题，都能够解除合同。《最高人民法院关于审理商品房买卖合同纠纷案件适用法律若干问题的解释》第十二条（现第九条）规定，因房屋主体结构质量不合格不能交付使用，或者房屋交付使用后，房屋主体结构质量经核验确属不合格，买受人请求解除合同和赔偿损失的，应予支持。第十三条（现第十条）第一款规定，因房屋质量问题严重影响正常居住使用，买受人请求解除合同和赔偿损失的，应予支持。根据这两条的规定，只有在房屋主体结构不合格或者房屋质量问题严重影响到正常居住使用时，买受人才能解除合同，并要求赔偿损失。但是，法律对如何认定主体结构不合格以及因质量问题影响正常居住使用并无规定，这给案件审理带来一定难度。

1. 房屋主体结构不合格的认定

房屋主体结构通常包括房屋基础、柱、梁、墙体、楼板等承重空间体系或平面。主体结构是房屋最重要的组成部分，要具备足够的强度、刚度、稳定性，以确保承受建筑物本身的各种载荷。房屋主体结构质量问题，外观上一般表现为房顶和地面开裂、漏水；承重墙有裂纹，柱体及地面天花板露筋，地面高度不均等。主体结构是房屋的基础骨架，也是房屋符合质量标准的基本要求。如果房屋主体结构存在问题，很可能危及居住者的人身安全，危害极大。但是，主体结构是否存在质量问题，是一个比较专业的技术问题，普通的购房人很难判断。《商品房销售管理办法》第三十五条规定，商品房交付使用后，买受人认为主体结构质量不合格的，可以依照有关规定委托工程质量检测机构重新核验。经核验，确属主体结构质量不合格的，买受人有权退房；给买受人造成损失的，房地产开发企业应当依法承担赔偿责任。依据该条规定，商品房交付使用后，如果购房人怀疑和认为主体结构质量存在质量问题，可以依照有关规定委托有相关资质的工程质量检测机构予以鉴定。如果经鉴定，确实存在主体结构质量问题，购房人可解除合同并要求损害赔偿。

2. 因质量问题影响正常居住使用的认定

此处的质量问题，应当属于非房屋主体方面的质量问题，也即房屋的质量问题虽然不会危及房屋结构的安全性，但是会给购房人的日常生活带来麻烦，或者会影响房屋居住者的身体健康。在诉讼中，一般不会因非房屋主体方面的质量问题解除合同。《最高人民法院关于审理商品房买卖合同纠纷案件适用法律若干问题的解释》第十三条（现第十条）第二款规定，交付使用的房屋存在质量问题，在保修期内，出卖人应当承担修复责任；出卖人拒绝修复或者在合理期限内拖延修复的，买受人可以自行或者委托他人修复。修复费用及修复期间造成的其他损失由出卖人承担。在房屋出现非主体质量问题后，首先应考虑的是能否修复，如果能够修复，且不影响购房人的居住，则合同应当继续履行，由出卖人承担修复费用。但是，如果房屋存在的质量问题，如房屋渗漏水、墙面裂痕、地面空鼓、室内严重异味等对买受人日常生活产生重大影响的，出卖人不予修复，或者在合理期间内经多次修复仍不能解决问题，则买受人可考虑解除合同。

本案中，张晓欣购买煜明公司的房屋，在诉讼过程中，经法院委托的鉴定机构鉴定，该房屋存在严重主体结构质量问题，已经构成合同解除的条件，故张晓欣要求解除合同的诉讼请求，应当得到法院支持。

（二）合同解除的法律后果

合同解除，是指在合同有效成立之后，因一方或双方当事人的意思表示，使合同关系溯及或不溯及地消灭，未履行的部分不必继续履行，已履行的部分依具体情形进行清算的制度，它是合同特有的消灭原因。[①] 合同解除后，当事人之间合同上的权利义务关系随之消灭，但是这并不影响一方当事人向对方主张违约责任或者损害赔偿责任。根据《民法典》第五百六十六条第一款的规定，合同解除后，尚未履行的，终止履行；已经履行的，根据履行情况和合同性质，当事人可以请求恢复原状或者采取其他补救措施，并有权要求赔偿损失。本条是对合同解除所产生法律后果的规定。本案中，张晓欣与煜明公司解除合同后，双方之间的合同关系不复存在，对合同中已经履行的部分，双方互负返还对方的义务。此外，因对于本案中合同的解除，煜明公司负有过错，故应当赔偿张晓欣损失，损失的范围应当包括直接损失和间接损失。

知识拓展

在审理商品房买卖合同案件时，如出卖人交付的房屋存在质量瑕疵，除非该房屋存在主体结构上的不合格或者因质量问题影响正常居住使用，否则买受人很难因质量的瑕疵解除合同。这种对合同解除的严格限制，当然考虑了房地产市场的特殊性，房地产开发商建造房屋，需要大量的资金支持，涉及多个行业、部门。保持合同的稳定性，对房地产市场秩序的正常发展以及社会的稳定运行，能起到很好的促进作用。但是，这种侧重对房地产开发商利益的保护，给房屋买受人带来很多烦恼。毕竟，买房是一件大事，是家庭的一笔很大支出，如果所买房屋质量存在问题，对一个家庭的影响是很大的。基于此种情况，在司法实践中，应在法律规范范围内，从以下两方面加强对房屋买受人权益的保护：

（一）扩大买受人的拒绝受领权

拒绝受领权，通常情况下是指在债权人负有受领义务的前提下，债权人

---

① 韩世远：《合同法总论》，法律出版社 2004 年版，第 589 页。

基于正当事由拒绝受领而不陷入迟延责任的权利。[①] 房屋买受人行使拒绝受领权，可以在不解除合同的前提下，尽可能地促使房地产开发商保证房屋质量，在房屋交付后减少质量瑕疵。

在当前的司法实践中，通常情况下，如果商品房买卖合同未对房屋交付条件做特殊要求，那么房屋经验收合格并取得政府相关部门的交付许可文件后，原则上即具备交付条件。在此情况下，除非房屋“存在主体结构质量问题”或者“因质量问题影响正常居住使用”，否则房屋买受人不得拒绝接受房屋。至于并非上述两种情况的房屋质量问题，则可通过房地产开发商的瑕疵担保责任来处理，主要是售后维修。但是，在这种情况下，对房屋买受人权益的保护非常不利。首先，维权难度大。有些房地产开发商售后服务意识差，房屋交付后，当买受人因房屋质量问题要求开发商解决时，开发商存在能拖就拖，表面应付的情况，导致问题迟迟得不到解决。有时买受人还需要通过诉讼等方式维权，付出更多的时间成本。其次，房屋未交付前，买受人很难判断房屋质量瑕疵对房屋居住人影响程度。有些房屋出现质量问题，虽然看起来并不属于重大瑕疵，但是维修难度极大，对房屋居住人的日常生活会产生重大影响，房屋交付后，买受人所付出的维权成本很大。

《民法典》第六百一十五条规定出卖人应当按照约定的质量要求交付标的物。《民法典》第五百七十七条规定当事人一方不履行合同义务或者履行合同义务不符合约定的，应当承担继续履行、采取补救措施或者赔偿损失等违约责任。根据这两条的规定，房地产开发商应当向房屋买受人交付符合质量要求的房屋。如果房屋质量不符合要求，买受人可要求房地产开发商承担继续履行的违约责任。这里的继续履行，可理解为房地产开发商交付的房屋如有质量瑕疵，买受人可拒绝接受，并要求开发商将房屋修复至合同约定的质量要求。

---

① 参见武腾:《拒绝受领瑕疵物的法定条件——兼论〈合同法〉第148条中拒绝接受制度的出路》，载《法学》2015年第8期。

只有扩大这种拒绝受领权的适用，才能提高开发商建房的质量标准，降低房屋买受人的维权成本。当然，也不能过度滥用拒绝受领权，对于明显的轻微瑕疵，可排除其适用。

（二）对合同约定的质量标准予以严格适用

商品房买卖合同，通常情况下为房地产开发商提供的格式合同，房屋买受人很难有选择余地，这更不利于对房屋买受人权益的保护。格式合同中对房屋质量的约定，基本上属于基础性约定，也就是房地产开发商必须达到的标准。对合同约定的质量标准，房地产开发商必须要达到要求。《民法典》第六百一十条规定因标的物质量不符合质量要求，致使不能实现合同目的的，买受人可以拒绝接受标的物或者解除合同。通常认为，本条规定的违约行为应当属于根本违约，但在商品房买卖合同中，这种根本违约是否仅限于"存在主体结构质量问题"或者"因质量问题影响正常居住使用"呢？笔者认为这种理解过于狭隘。对合同约定的质量标准，应当要求开发商予以严格遵守。如房地产开发商交付的房屋存在不符合合同约定的质量瑕疵，并且难以修复或者在合理的期间内未能修复，那么应当认定开发商存在根本违约，赋予房屋买受人合同解除权。

普法提示

买受人购买商品房，对房屋的质量应当是最为关注的。在购房过程中为维护自身利益，买受人应当注意以下几个方面的问题：一是重视合同约定。一般情况下，商品房买卖合同为房地产开发商提供的格式合同，很难变更合同内容。在这种情况下，买受人应当重点关注合同中不利于自己的条款，尽量避免使自己陷于被动。如双方能够签订补充条款，则应当对违约条件作出具体的具有可操作性的约定。二是尽量将房屋质量问题解决在房屋交付之前。房屋交付后，从买受人的角度，不利于问题的解决，也会增加维权成本。三是所购房屋出现质量问题，尽量避免自己私下维修。房地产具有很强的专业性，当房屋出现质量问题后，非专业人员很难对质量问题作出判断，往往需要专业机构予以鉴定。房屋买受人私下维修，会改变房屋的原始状态，给后续质量鉴定造成麻烦，也不利于房屋买受人保存证据，最终影响对自己利益的保护。

第二章

房产政策下商品房买卖纠纷

案例一

80后女博士买房遇新政，主张解除合同是否有据？

——解析《民法典》第五百六十三条

安蔚[1]

案情回顾

（一）女博士买房遇新政欲毁约

寒窗苦读十几载，小玲不负众望考上北京一所知名高校，硕士、博士一路读下来，也算顺风顺水。快要博士毕业了，和很多外埠来京的学子一样，小玲已经计划好将来要留在这个充满机会与挑战的大都市。北京房价一路上涨的新闻让小玲焦虑不安，为了赶在房价高峰之前拥有一套自己的房子，扎根北京，她便有了买房的打算。由于户口仍然在学校集体户上，小玲没有购房资格，不得不将目光投向商办房。揣着全家多年的积蓄和东拼西凑借来的几十万元，小玲看中了京郊的一套商办房。

2016年7月25日，小玲和开发商远创公司签订了《北京市商品房预售合同（商业、办公等非住宅类）》（以下简称预售合同），约定"远创公司将房屋出售给小玲，该商品房的用途为商务办公"，房款总价1553137元，交付房屋的时间为2017年6月30日。预售合同补充协议中约定，除不可抗力外，出卖人未按约定的期限和条件将该房屋交付买受人的，买受人同意合同仍继续履行，但出卖人应承担违约责任。补充协议同时对付款方式及期限作了明确约定，买方小玲应在所购楼栋竣工备案之日起7日内，按现行商业用房购房贷款政策向银行提出相应的贷款申请，并保证于所购房屋具备放款条件之日起30日内将贷款足额支付至出卖人指定账户，金额为770000元。合

---

① 北京市房山区人民法院政治部法官助理。

同签订后，小玲支付了首付款783137元。

2016年7月25日，小玲和远创公司进行了网上签约。同一天，小玲与远洋建设公司签订《装修工程合同》，并书面委托远洋建设公司对房屋进行室内装修及局部改造，代为办理涉案房屋交付、装修改造的相关手续和事宜，并代为查验该房屋的工程质量以及其他与房屋有关的问题。在这期间，北京楼市调整政策“3.17新政”及后续一系列组合政策陆续出台，规定商办房不得居住使用，如一盆冷水给房地产市场降了温。2017年12月20日，小玲购买的房屋所在楼栋办理了竣工备案手续，远洋建设公司出具了房屋验收合格的证明，当天完成了房屋交接。但是，远创公司却迟迟没有收到小玲支付的房价尾款。经过多次催收，小玲不仅没有交齐尾款及违约金，反而提出解除合同。因协商不成，小玲一纸诉状将远创公司告上法庭。

（二）买卖双方对簿公堂各执一词

小玲认为，自己买房的目的是居住，既然楼市新政规定，商办房不得居住使用，那么签订房屋买卖合同的目的就无法实现了。而且《关于进一步加强商业、办公类项目管理的公告》第七条规定：“商业银行暂停对个人购买商办类项目的个人购房贷款。”这样一来，小玲无法再以个人名义办理贷款，高额的首付款已经穷尽小玲全家及其亲友之力，实在无力支付剩余的房款。

在银行拒绝小玲的贷款申请后，远创公司于2017年7月月初拿走了小玲的贷款资料。到2017年年底，个人已经不能办理商办房贷款，却没有人将这种情况告知小玲。小玲认为，是远创公司的乱作为（擅自拿走客户贷款资料）和不作为（不履行通知义务），才导致她在楼市贷款新政落地前未能获得贷款，应当承担责任。而且，自2011年起，住建部门不允许商办房作为住宅进行销售，远创公司提供的户型图却注明了家具，所以远创公司有欺诈行为，因此小玲要求解除合同，赔偿损失。

远创公司则认为，双方签订的预售合同合法有效，按照北京市贷款新政的相关规定，小玲是可以办理贷款的，与其同时期的业主都能够正常办理贷款，而且是在新政出台之后获批的贷款，小玲主张的无法办理贷款并不是合同解除的理由。对于小玲未能成功办理贷款的原因，有证据证明是由于小玲不同意办理强制执行公证，致使银行拒绝了小玲的贷款申请，与远创公司无关。而且涉案房屋在新政出台前已经签约，原则上不存在履行障碍。另外，预售合同已经载明房屋用途是办公而非居住，小玲知道其用途，远创公司不构成欺诈，且欺诈并非合同解除的理由，小玲不能以欺诈为由要求解除合同。

那么，小玲是否有权要求解除合同呢？楼市新政的出台对合同产生了哪些影响？

法理分析

（一）何谓合同解除权？

合同解除权是合同当事人可以脱离合同约束力的一种权利，对于当事人双方意义重大。合同解除作为一项法律制度，并非伴随合同的产生而产生，而是在合同法发展到一定阶段才出现的。随着我国市场经济的发展，买卖纠纷也大量增加，合同在这其中起到了关键的作用。但是，合同得不到正常履行的情况时有发生，因此我国法律允许在特定情况下当事人提前终止合同关系，以适应形势变化的需要。

合同解除一般有三种方式，即协议解除、约定解除、法定解除。其中，协议解除，是指合同成立后，未履行或未完全履行前，当事人通过协议使合同效力消灭。约定解除，即当事人在合同中事先约定解除权成立条件，在合同履行完毕之前约定解除条件成立时，由享有解除权的一方通过行使解除权的方式使合同解除。法定解除，是指合同成立后，没有履行或履行完毕前，当事人一方通过行使法定的解除权对合同进行解除。本案中，小玲签订的预售合同不存在协议及约定解除的情形。

关于法定解除权，《民法典》第五百六十三条第一款规定，有下列情形之一的，当事人可以解除合同：（1）因不可抗力致使不能实现合同目的；（2）在履行期限届满前，当事人一方明确表示或者以自己的行为表明不履行主要债务；（3）当事人一方迟延履行主要债务，经催告后在合理期限内仍未履行；（4）当事人一方迟延履行债务或者有其他违约行为致使不能实现合同目的；（5）法律规定的其他情形。

（二）买方是否享有法定解除权？

楼市新政的出台是否可认定为不可抗力呢？预售合同补充协议中对此有着明确约定："国家购房政策等变化不视为不可抗力情形，买受人违反合同义务仍应承担相应违约责任。"另外，根据《北京市高级人民法院民一庭关于妥善处理涉及"3.17 新政"的房屋纠纷案件若干问题的会议纪要》，"3.17 新政"具有公共政策的性质，其具体的限贷、限购、限售等措施，对部分房屋买卖合同会造成成本增加或履行不能等障碍。对于已经签约的房屋买卖，原则上不认为存在因"3.17 新政"导致的履行障碍。

本案中，小玲所购房屋已经过网签，与小玲同时期签约的业主在"3.17 新政"出台之后成功办理了贷款，而小玲却因不同意配合银行办理强制执行公证而未能成功办理贷款，合同并不存在因"3.17 新政"的实施无法继续履行的情形。综上，小玲不符合任何一项法定解除权情形，对预售合同不享有法定解除权，合同应继续履行。至于小玲对远创公司在宣传资料中提到涉案房屋可摆放家具，远创公司存在欺诈的主张，双方所签预售合同明确约定，涉案房屋的用途是商务办公，小玲明知房屋的性质和用途，却依然购买，应属自愿，远创公司对此不存在欺诈行为。最终，法院判决驳回了小玲解除预售合同、返还首付款的诉讼请求，同时根据诉讼双方的诉讼请求，判决小玲继续履行支付剩余房款的合同义务，并支付相应的违约金，判决远创公司支付合理数额的逾期交房的违约金。

知识拓展

（一）合同解除权的种类

在经济交往中，合同履行过程中经常会出现各类状况，可能因一方违约导致合同无法继续履行，也有可能合同双方经过协商一致解除合同不再继续履行，为了能在最大程度上保证合同双方的权益，《民法典》对合同解除作了明确规定，赋予了双方协商解除合同以及守约方单方解除合同的权利，即约定解除与法定解除。

《民法典》第五百六十二条规定，当事人协商一致，可以解除合同。当事人可以约定一方解除合同的事由。解除合同的事由发生时，解除权人可以解除合同。根据合同自由原则，合同当事人享有解除合同的权利。当事人双方经过协商，达成一致的意思表示，可以导致合同的解除；当事人也可以在合同中约定一方行使解除权的条件，待条件成就时单方解除合同，这就是合同的约定解除。只要当事人的约定不违背法律和社会公共道德，在法律上就是有效的，且可以产生当事人的预期效果。比如本案中，小玲和远创公司在预售合同中约定，买受人未按约定时间付款逾期超过 60 日后，出卖人有权解除合同——就属于约定解除的情形，小玲因自身原因迟迟不交付购房尾款，远创公司是享有约定解除权的。

约定解除包括两种情况：协议解除和约定解除权。所谓协议解除，是指合同成立后，未履行或未完全履行前，当事人双方通过协商解除合同，使合同效力消灭的行为。由于协议解除是在合同成立后而非合同订立时约定解除，因而又称为事后协商解除。协议解除以当事人双方自愿协商且意思表示真实为前提，如果一方当事人在解除合同时所作的意思表示是非自愿、不真实的，则可以请求法院撤销解除合同。约定解除权，是指当事人双方在合同中约定，在合同成立后，未履行或者未完全履行前，由当事人一方在出现某种情况后通过行使解除权，使合同关系消灭。解除权既可以由一方享有，也可以双方都享有；既可以在订立合同时约定，也可以在订立合同后另行约定。

所谓法定解除，是指在合同成立后，没有履行或者没有履行完毕之前，当事人一方行使法定的解除权而使合同效力消灭的行为。法定解除的根本特点在于：由法律直接规定解除的条件，当此种条件具备时，当事人可以解除合同，而无须经过对方同意。我国《民法典》规定的合同法定解除权主要有两种，即一般法定解除权（适用于所有的合同，见《民法典》第五百六十三条）和特别法定解除权（适用于某一类型的合同，优先于一般法定解除权使用）。

比如，《民法典》第七百一十六条第二款规定："承租人未经出租人同意转租的，出租人可以解除合同。"第七百三十条规定："当事人对租赁期限没有约定或者约定不明确，依照本法第五百一十条的规定仍不能确定的，视为不定期租赁；当事人可以随时解除合同，但是应当在合理期限之前通知对方。"第七百七十二条第二款规定："承揽人将其承揽的主要工作交由第三人完成的，应当就该第三人完成的工作成果向定作人负责；未经定作人同意的，定作人也可以解除合同。"《民法典》第七百八十七条规定："定作人在承揽人完成工作前可以随时解除合同，造成承揽人损失的，应当赔偿损失。"这些都是对特别法定解除权的规定。

法定解除和约定解除是可以并存的。一方面，约定解除可以对法定解除作出具体的补充，比如，对不可抗力作出解释，规定何种具体事件属于不可抗力。另一方面，当事人之间的约定也可以改变法定解除，只要这些约定不违反法律、行政法规的强制性规范，约定的解除条件成就时，解除权人就可以根据合同约定将合同解除。譬如，当事人可以约定，不管违约是否严重，只要违反某一项义务，对方即可解除合同。从合同自由约定和《民法典》法律规范的任意性出发，这些约定均是有效的。

（二）合同解除权的限制

如果享有解除权的当事人长期不行使解除的权利，就会使合同关系处于不确定状态，影响当事人权利的享有和义务的履行，因此，需要对该权利加以控制或限制。《民法典》第五百六十四条即规定，法律规定或者当事人约定解除权行使期限，期限届满当事人不行使的，该权利消灭。法律没有规定或者当事人没有约定解除权行使期限，自解除权人知道或者应当知道解除事由之日起一年内不行使，或者经对方催告后在合理期限内不行使的，该权利消灭。

《民法典》第五百六十五条第一款规定，当事人一方依法主张解除合同的，应当通知对方。合同自通知到达对方时解除；通知载明债务人在一定期限内不履行债务则合同自动解除，债务人在该期限内未履行债务的，合同自通知载明的期限届满时解除。解除合同的通知有多种方式，但是为保障交易安全、尽快明确双方之间法律关系，解除权人应该及时向对方当事人发出解除合同的通知。解除权人怠于发出解除合同的通知，致使对方当事人产生合同未解除的信赖并因此遭受损失的，应当承担相应的违约责任。

另外，当合同约定解除的条件成就时，享有解除权的一方不积极行使解除权，另一方继续履行合同，双方也认可的，应视为双方以实际履行行为变更了合同解除的约定，一方当事人享有的约定解除权相应灭失。本案中，如果小玲与远创公司未在预售合同中约定“除不可抗力外，出卖人未按约定的期限和条件将该房屋交付买受人的，买受人同意合同仍继续履行”，那么，小玲对于远创公司的逾期交房行为是享有法定解除权的，但是如果小玲仍然在远创公司 2017 年 12 月 20 日交付房屋时对房屋进行了验收，应视为小玲对远创公司继续履行交房行为的认可和接受，小玲的这一行为足以使远创公司有正当理由信赖小玲放弃行使《民法典》第五百六十三条规定的法定解除权，据此，如果小玲以远创公司迟延交房为由主张解除合同，法院是不予支持的。

普法提示

近年来，限贷、限购等一系列楼市新政陆续出台，给商品房买受人的履约能力及合同目的的实现带来很大影响。合同的核心在于契约，契约责任的基础建立在当事人自由约定的基础之上，对于当事人明确且内容不违反法律规定的约定，应本着民有所约、视同法律的原则进行处理。在房地产政策调控的大背景下，买房人应当对房地产市场风险有一定的预见，在对风险认识充分的前提下约定的合同条款，是双方的真实意思表示，相关条款不违反法律规定，买房人应当按照约定承担相应的合同继续履行义务，否则应当承担违约责任。

但在司法实践中，考虑到大部分限贷、限购城市房屋价格动辄百万元，如果一味地履行合同，将大大增加买房人的负担，有违公平原则，所以在充分举证证明存在履约障碍的情况下，可以适用《最高人民法院关于审理商品房买卖合同纠纷案件适用法律若干问题的解释》第十九条之规定："……因不可归责于当事人双方的事由未能订立商品房担保贷款合同并导致商品房买卖合同不能继续履行的，当事人可以请求解除合同，出卖人应当将收受的购房款本金及其利息或者定金返还买受人。"但这并不意味着买受人可以据此任意解除合同，在有些情形下，买受人仍然要自行承担新政实施对其造成的影响和后果。①

同样，《北京市高级人民法院民一庭关于妥善处理涉及"3.17 新政"的房屋纠纷案件若干问题的会议纪要》中也有类似规定："'3.17 新政'具有公共政策的性质，其具体的限贷、限购、限售等措施，对部分房屋买卖合同会造成成本增加或履行不能等障碍。对于合同订立后由于'3.17 新政'的实施致使合同无法继续履行的，属于因不可归责于双方当事人的原因导致合同目的无法实现。当事人要求解除合同的，除合同另有约定外，一般应予支持。对于已经过网签的房屋买卖，原则上不认为存在因'3.17 新政'导致的履行障碍……"可见，楼市新政不具有溯及力，对于新政实施前的房屋买卖行为一般不适用经济调整政策，这意味着，对于新政实施前签订的合同，双方在新政实施前履行完毕，交易行为是不受影响的，一旦新政实施，履行义务还没有完成，若买受人丧失了准入条件，则导致合同目的最终无法实现。这种情

---

① 参见新华网:《因房产新政解约能否免责》，http://www.xinhuanet.com/local/2017-04/12/c_129530889.htm。

况下，就需要对双方的责任进行归类，如果因出卖人不配合办理相关手续等原因导致，应当由出卖人承担责任；如果因买受人怠于交纳房款等原因造成，则应当由买受人承担违约的不利后果。

公平与诚信原则贯穿于整个民事活动之中。当事人自订立合同起至合同履行完毕止，都应遵循这一原则。作为“解除当事人双方权利义务”的民事法律行为，合同解除权的行使当然也应遵循这一原则。合同解除权的正确行使和应用，对于维护正常的社会交易秩序、督促人们认真履行合同义务、保护人们合法权益都具有十分重要的意义。

案例二

因房屋限购政策导致合同无法履行谁担责？

——解析《民法典》第五百三十三条①

瞿叶娟②

房屋限购政策是国家为抑制房价过快增长、平抑房地产市场过热态势，遏制投机和过度投资而采取的重要调控政策，这有利于促进房地产市场平稳健康发展，也与“房子是用来住的，不是用来炒的”定位相融通。房屋限购政策的出台对房屋买卖当事人的利益产生了重大影响，部分当事人丧失购房资格、贷款资格进而导致房屋买卖合同履行困难。如果合同无法履行，当事人能否解除合同、是否需要承担违约责任或赔偿损失，下面我们就来解锁答案。

案情回顾

（一）曙光乍现——买房希望在即

刘甲来自西南山区偏僻的农村，家境并不富裕，但天资聪慧、学习刻苦。

---

① 《民法典》第五百三十三条规定，合同成立后，合同的基础条件发生了当事人在订立合同时无法预见的、不属于商业风险的重大变化，继续履行合同对于当事人一方明显不公平的，受不利影响的当事人可以与对方重新协商；在合理期限内协商不成的，当事人可以请求人民法院或者仲裁机构变更或者解除合同。人民法院或者仲裁机构应当结合案件的实际情况，根据公平原则变更或者解除合同。《最高人民法院关于适用〈中华人民共和国合同法〉若干问题的解释（二）》（现已失效）第二十六条规定，合同成立以后客观情况发生了当事人在订立合同时无法预见的、非不可抗力造成的不属于商业风险的重大变化，继续履行合同对一方当事人明显不公平或者不能实现合同目的，当事人请求人民法院变更或者解除合同的，人民法院应当根据公平原则，并结合案件的实际情况确定是否变更或者解除。《民法典》第五百三十三条吸纳了《最高人民法院关于适用〈中华人民共和国合同法〉若干问题的解释（二）》第二十六条的主要内容，并在此基础上进行了修改和增加。

② 北京市房山区人民法院政治部法官助理。

因高考成绩优异，刘甲被北京的一所知名高校录取。2012 年大学毕业后，刘甲留在北京工作。刘甲一直租房住，因工作变动、房租上涨等原因经常搬家。他厌倦了这种漂浮不定的日子，而且手里也攒了一部分钱，于是决定去看看房。到房地产中介机构了解后，刘甲才知道房价有多高，几十万元的存款连郊区房子的首付都不够。

小张是爱家房地产经纪公司的金牌销售，不忍心一盆冷水浇灭刘甲的购房热情，同时也考虑到他的实际情况，所以向他推荐了几款商住房。商住房价格便宜、能贷款还不占用购房指标，同时小张也将商住房的劣势比如户型、物业管理等方面的问题做了详细说明，让刘甲自己权衡。刘甲经过几天的考察、对比和仔细斟酌，决定购买商住房。小张带着刘甲看了崔伟的房子，房子面积 120 多平方米，层高 3 米多，刘甲对户型、采光、位置等都很满意，但 260 万元的房屋总价款又让他头疼了。崔伟急于出售房屋也同意让步，经过几次磋商，双方最终确定房屋总价款为 240 万元。

2017 年 3 月 14 日，刘甲与崔伟签订了《北京市存量房屋买卖合同》，合同约定首付款 120 万元于 2017 年 3 月 20 日前支付，刘甲拟贷款 120 万元。合同还约定了违约情形及违约责任，违约金标准为房屋总价款的 20%。双方没有约定办理网上签约的时间。

同日，刘甲（乙方）、崔伟（甲方）及爱家公司（丙方）签订了居间服务合同，合同约定甲乙双方同意，共同委托丙方作为交易居间人，甲乙双方签订买卖合同时，居间行为完成，甲乙双方应向丙方支付居间服务费。甲乙双方授权丙方办理网上签约手续，委托期限自居间服务合同签订之日起至房屋产权转移并结清全部购房款为止。居间服务费 3 万元，由乙方承担。

合同签订后，刘甲向崔伟支付了 1 万元定金，向爱家公司交了 3 万元中介费。

刘甲的存款不足以支付首付款，家人也无法提供帮助。他向同学、同事借了 50 多万元，终于凑齐并如期交付了首付款。

（二）一波三折——路途曲折坎坷

2017 年 3 月 22 日，在办理网上签约时，崔伟的妻子王华在与爱家公司联系相关事宜的过程中没有提交崔伟的建设银行账号，仅提交了自己名下的建设银行账号。因监管账户需为本人银行账户，所以资金监管审核未通过。

2017 年 3 月 26 日，北京市住房和城乡建设委员会等部门联合发布《关于进一步加强商业、办公类项目管理的公告》，规定商业银行暂停对个人购买商办类项目的个人购房贷款。

看到这个公告后，刘甲的心情瞬间跌至谷底，原计算贷款 120 万元，现在不能贷款只能自筹。为了凑齐首付款，能借的都借了，现在再凑出 120 万元对刘甲来说已是天方夜谭。

买房的梦终究还是破灭了，刘甲认为这都是崔伟的过错，如果不是崔伟没有向爱家公司提供其本人的银行账号，他们早在限购政策出台前就网上签约了，这样也不会受政策影响了。

如果不能购买商住房那就只能买普通住宅，但是普通住宅的价格已远超刘甲的承受范围，这意味着接下来很长一段时间他仍需要租房居住。

在这次买房的过程中，刘甲投入了 120 万元首付款和 3 万元中介费。如果再买房还需要付出更多的成本，他越想越觉得是崔伟造成了自己如此巨大的损失。

于是，刘甲通过爱家公司向崔伟表达了要求解除合同、退还首付款及赔偿损失的意向，同时要求中介公司退还中介费。

崔伟明确表示不同意解除合同，当初因为急需用钱所以着急卖房，刘甲给的 120 万元首付款他已经用在投资上了现在没办法退还。剩余的 120 万元房款他可以接受分期付款，在一年内付清。刘甲不能接受这样的方案，双方陷入了僵局。

公告出台后，爱家公司有一批客户要求退还中介费。鉴于爱家公司为促成交易付出了时间和精力成本，且刘甲也遭受了损失，双方协商一致，爱家公司收取 1000 元中介费，剩余中介费退还。

（三）情势变更——以公平为内核定分止争

因与崔伟协商未果，刘甲将崔伟诉至法院，要求解除双方签订的《北京市存量房屋买卖合同》，崔伟退还 120 万元首付款。

在庭审过程中，双方对未能办理网上签约的原因意见不一，崔伟认为爱家公司并未明确告知需要出卖人本人的银行账号，所以并不是自己的原因导致合同履行受阻，并表示刘甲有购房资格，合同并非完全不能履行，刘甲有固定的工作有能力支付剩余房款。

法院认为，合同明确约定部分购房款以贷款方式支付，根据房屋总价款数额与贷款数额的比例计算，采用贷款方式支付的款项为总价款数额的五成。崔伟并未提交证据证明刘甲有充分的履行能力，应该认定限购政策已经达到足以影响刘甲履行能力的程度，所以根据情势变更原则应解除合同，并退还首付款。

刘甲不同意一审判决，提起上诉。二审法院认为，由于限购政策的实施致使合同无法履行的，属于不可归责于双方当事人的原因导致合同目的无法实现。双方未约定网上签约时间和履行方式，所以刘甲以因崔伟原因未成功办理网上签约构成违约的主张没有事实依据。导致合同无法履行的根本原因是限购政策的出台，所以维持了一审判决。①

法理分析

（一）情势变更原则的理论基础

《最高人民法院关于适用〈中华人民共和国合同法〉若干问题的解释（二）》（以下简称《合同法解释（二）》，现已失效）第二十六条规定，合同成立以后客观情况发生了当事人在订立合同时无法预见的、非不可抗力造成

① 参见（2017）京 0114 民初 15722 号民事判决书，（2018）京 01 民终 2470 号民事判决书，载中国裁判文书网。

的不属于商业风险的重大变化，继续履行合同对于一方当事人明显不公平或者不能实现合同目的，当事人请求人民法院变更或者解除合同的，人民法院应当根据公平原则，并结合案件的实际情况确定是否变更或者解除。[①]

根据该条规定，适用情势变更原则需要具备以下条件：

1. 有情势变更的事实

“情势”即合同基础或者环境等一切客观事实，“情势变更”即合同基础或者环境在客观上发生了变化。意思自治是合同缔结的基础，而当事人之所以能遵循自己的意愿成功订立合同，主要是在合同中双方的利益基本平衡。但合同履行的客观条件发生变化打破了双方之间的利益平衡。

2. 情势变更须发生在合同成立以后，履行完毕之前

如果在合同订立前合同履行的客观条件既已发生变化，当事人对此并不知晓，此时当事人可以援引订立合同时错误的意思表示即存在重大误解，要求撤销合同。如果在订立合同时已知晓情势发生变化，应理解为当事人自愿承担风险，亦应自行承担相应责任，法律也就没有予以特殊救济的必要。

3. 情势变更的发生不可归责于当事人

情势变更不可归责于当事人主要是指情势的变更不为当事人尤其是受不利影响的当事人所控制，比如国家政策调整、全球性或者区域性的金融危机等。如果情势变更事由的发生受当事人所左右，则表明当事人对情势变更的发生存在过错，应该由其自行承担损失。如果发生迟延履行或者无法履行的情况，应按照合同约定承担相应的违约责任，不适用情势变更原则的免责情形。

4. 情势变更的发生在当事人缔约时无法预见或为非不可抗力造成的不属于商业风险的重大变化

情势变更的发生可在达成合同之时属于不可预见，对此，应明确预见的主体为因情势变更而遭受利益损失的当事人，预见的内容为情势变更发生的可能性，预见的时间为合同缔结时，预见的标准应理解为遭受利益损失的一

---

① 《民法典》第五百三十三条已对该条司法解释进行了改动，详见第 76 页注释。

方当事人的实际情况。

5. 情势变更使得继续履行原合同显失公平或不能实现合同目的

情势变更在一定程度上是对“契约严守”原则的否定，只有达到严重的后果才能构成情势变更，即继续履行原合同在效果上显失公平或者与诚实信用原则相悖，造成双方利益失衡。

（二）情势变更原则产生的法律效果

1. 合同的变更或改订

在合同目的并非完全不能实现的场合，当事人应本着诚实信用的原则进行协商，双方可以变更原合同或者重新订立合同。协商不成的，也可以通过法院要求变更合同。情势变更原则的主要法律效果是赋予遭受利益损失的一方当事人可以变更或者解除合同的可能性。

2. 合同的解除或终止

在合同目的因发生情势变更而无法实现或者合同履行因情势变更而失去意义时，一般可以解除或者终止合同。

（三）房屋限购政策与情势变更

房屋限购政策具有公共政策的性质，该类政策不属于法律法规，属于国家的宏观调控政策，在很大程度上具有一时性和应急性的特点。国务院及各省市出台的各项房屋限购政策都对房地产市场进行了重大调整，对防控投机及过度投资、稳定房价起到了立竿见影的效果。

房屋限购政策对买卖双方均产生重大影响，双方履行合同的客观环境发生变化，甚至签订合同的基础已不复存在。

该变化在当事人签订合同时无法预见也不受当事人支配，而且因限购政策的出台，原合同无法履行或者继续履行原合同对一方明显不公，双方利益失衡。在此情形下应允许变更合同内容或者解除合同。因此房屋限购政策属于情势变更原则的适用范畴。

知识拓展

（一）房屋限购政策的背景及沿革

在部分城市房价、地价增长过快，投机性购房活跃，房地产市场波动较大的情况下，国务院出台了一系列调控政策，例如2010年4月17日下发《关于坚决遏制部分城市房价过快上涨的通知》（国发〔2010〕10号），在住房信贷、市场监管等方面收紧关口，坚决抑制不合理的住房需求。[①]

各省市根据自身情况也采取了各种宽严相济的调控措施，例如北京市人民政府于2010年4月30日下发《贯彻落实国务院关于坚决遏制部分城市房价过快上涨文件的通知》，首次对购房数量进行限制。[②]广州、深圳、上海等地均陆续出台限购政策。

2011年1月26日，国务院办公厅发布《关于进一步做好房地产市场调控工作有关问题的通知》（国办发〔2011〕1号），国务院首次对购房资格进行限制，并实施更为严格的差别化住房信贷政策。[③]

北京市于2011年2月15日下发《关于贯彻落实国务院办公厅文件精神

① 规定实行更为严格的差别化住房信贷政策。对购买首套自住房且套型建筑面积在90平方米以上的家庭（包括借款人、配偶及未成年子女，下同），贷款首付款比例不得低于30%；对贷款购买第二套住房的家庭，贷款首付款比例不得低于50%，贷款利率不得低于基准利率的1.1倍；对贷款购买第三套及以上住房的，贷款首付款比例和贷款利率应大幅度提高，具体由商业银行根据风险管理原则自主确定。

② 规定采取临时性措施限定新购房套数，自本通知发布之日起，暂定同一购房家庭只能在本市新购买一套商品住房。暂停对购买第三套及以上住房，以及不能提供1年以上本市纳税证明或社会保险缴纳证明的非本市居民发放贷款。

③ 规定各直辖市、计划单列市、省会城市和房价过高、上涨过快的城市，在一定时期内，要从严制定和执行住房限购措施。原则上对已拥有1套住房的当地户籍居民家庭、能够提供当地一定年限纳税证明或社会保险缴纳证明的非当地户籍居民家庭，限购1套住房（含新建商品住房和二手住房）；对已拥有2套及以上住房的当地户籍居民家庭、拥有1套及以上住房的非当地户籍居民家庭、无法提供一定年限当地纳税证明或社会保险缴纳证明的非当地户籍居民家庭，暂停在本行政区域内向其售房。

进一步加强本市房地产市场调控工作的通知》（京政办发〔2011〕8号），对居民家庭在本市购买住房的资格及限购数量等问题都作出了更细致、更严格的规定。①

截至目前全国有40多个城市实施了房屋限购政策，大部分集中在华北、华中和华南地区。

2017年3月26日，北京市发布《关于进一步加强商业、办公类项目管理的公告》，明确规定了购买商办类房屋的资格及个人购买条件，首次对商办类房屋实施限购政策。

（二）涉房屋限购政策买卖合同纠纷的主要类型

涉房屋限购政策买卖合同纠纷的主要类型包括：（1）房屋买卖合同因房屋限购政策的实施无法继续履行，当事人要求解除合同；（2）房屋买卖合同解除后，一方当事人要求退还已付款项或者要求赔偿损失；（3）在房屋限购政策出台前签订房屋买卖合同，买受人不具备购房资格，但买受人或者出卖人要求继续履行合同；（4）双方明知合同违反房屋限购政策，一方要求解除合同或者继续履行合同；（5）双方为了规避房屋限购政策签订借名买房合同，一方要求继续履行合同。

（三）审理涉房屋限购政策买卖合同纠纷案件的主要思路

1. 因房屋限购政策导致合同无法履行，一方要求解除合同，应如何处理？

合同订立后，因房屋限购政策的实施导致买受人丧失购房资格无法办理

---

① 规定自本通知发布次日起，对已拥有1套住房的本市户籍居民家庭（含驻京部队现役军人和现役武警家庭、持有有效《北京市工作居住证》的家庭，下同）、持有本市有效暂住证在本市没拥有住房且连续5年（含）以上在本市缴纳社会保险或个人所得税的非本市户籍居民家庭，限购1套住房（含新建商品住房和二手住房）；对已拥有2套及以上住房的本市户籍居民家庭、拥有1套及以上住房的非本市户籍居民家庭、无法提供本市有效暂住证和连续5年（含）以上在本市缴纳社会保险或个人所得税缴纳证明的非本市户籍居民家庭，暂停在本市向其售房。

产权转移登记或者贷款额度减少甚至丧失贷款资格，应理解为属于不可归责于当事人的原因导致合同无法履行，双方当事人都可以要求解除合同。

合同解除后，出卖人应将收取的购房款或定金退还给买受人。双方对合同解除都没有过错，所以一方要求另一方支付违约金或者要求适用定金罚则的，不应支持。

合同解除确实会对一方造成较大损失的，双方当事人之间利益失衡，比如在房地产市场波动较大的情况下，合同解除后出卖方因房价上涨获得较大利益，而买受方则因合同解除、买房目的落空遭受重大损失，此时根据公平原则，损失方可以要求对方对其损失进行适当补偿。

2. 因迟延履行导致合同因房屋限购政策无法履行，是否应承担违约责任？

如果根据合同约定房屋买卖合同能够实际履行，但因一方原因导致合同处于履行迟延的状态，在此期间由于房屋限购政策的实施导致合同无法继续履行的，不属于因情势变更原因导致合同无法履行的情形。因为合同无法履行实际上是当事人自身原因所致，迟延履行合同的当事人存在过错，应承担违约责任。

3. 在房屋限购政策实施前签订的合同，一方要求继续履行，应如何处理？

买卖双方在房屋限购政策实施前就已经签订了合同，后因限购政策的实施，买受人丧失购房资格，但要求继续履行合同，对该类纠纷应区分不同情形：

（1）买受人在房屋限购政策实施前就已经将出卖人起诉到法院要求继续履行合同并协助办理产权转移登记，在房屋限购政策出台前该案件还没有审理终结而且根据合同约定的期限能够实际履行的，应理解为当事人通过诉讼途径已经积极主张权利，不应受住房限购政策的限制。

（2）对于在房屋限购政策实施前签订的房屋买卖合同，法院应主动审查买受人是否具有购房资格，经过审查发现买受人丧失购房资格，但要求继续履行合同的，对买受人要求出卖人协助办理产权转移登记的诉讼请求法院不予支持。

4. 房屋限购政策实施后签订违反限购政策的买卖合同，是无效合同吗？

房屋限购政策是公共性的调控政策，不属于法律或者行政法规，而且买卖双方对合同内容的约定也没有损害社会公共利益及第三人利益，所以即使当事人签订的合同违反了房屋限购政策，若不违背《民法典》关于民事法律行为效力的规定[①]，即为有效合同。

如果因为一方故意隐瞒相关事实导致订立的合同违反房屋限购政策继而无法履行，属于合同欺诈行为，应当允许受欺诈方解除合同或者撤销合同，并且可以向违约方主张损害赔偿。

如果出卖方在签订合同时明知买受方没有购房资格，并且双方在合同中明确约定等买受人具备购房资格后再办理产权转移登记手续，这属于双方当事人的自愿约定，不侵害社会公共利益和第三人利益，双方可以按照约定履行。

5. 为了规避房屋限购政策而签订借名买房合同，应如何认定?

具体来说，就是当事人为了规避房屋限购政策而签订借名买房合同，实际上的买房人（借名人）自行出资购买，但将房屋登记在他人（登记人）名下。

如果借名人要求登记人办理房屋过户登记，借名人没有购房资格，双方签订的借名买房合同实际上属于履行不能的合同，借名人的主张不能得到支持。

如果借名人在合同签订后自身情况发生变化或者因为政策调整等原因具有了购房资格，借名人要求登记人协助办理房屋过户登记的请求可以得到支持。

普法提示

我国对房地产市场的宏观调控是一个循序渐进的过程，从采取限贷等市场手段到采取限购等计划手段，对市场的调控力度逐步加强，更加注重强化

① 《民法典》第一百四十四条规定，无民事行为能力人实施的民事法律行为无效。第一百四十六条第一款规定，行为人与相对人以虚假的意思表示实施的民事法律行为无效。第一百五十三条规定，违反法律、行政法规的强制性规定的民事法律行为无效。但是，该强制性规定不导致该民事法律行为无效的除外。违背公序良俗的民事法律行为无效。第一百五十四条规定，行为人与相对人恶意串通，损害他人合法权益的民事法律行为无效。

市场监管，坚决遏制投机炒房，保障合理住房需求。

房屋买卖合同作为一种标的额相对较大而且与买卖双方切身利益密切相关的合同，当事人在订立合同时不仅需要明晰合同条款，而且需要评估当前房地产市场的政策形势，对签订合同后可能出现的市场风险及各种履行障碍有一定的防范意识。必要时，双方可以在合同中约定因政策调整等原因导致合同履行障碍时的解决方案及双方的权利和义务。

我国正处在改革的攻坚阶段和发展的关键时期，政府的财政政策、货币政策对经济活动产生重大影响的情形时有发生。因情势变更导致合同履行障碍，是无法回避的问题。

情势变更原则是诚实信用原则的具体应用，目的在于消除合同因情势变更产生的不公平后果。情势变更原则赋予了法院通过直接干预合同关系的方式进行公平裁判的权力，使法律能够适应经济社会的变化，更好地协调当事人之间的利益冲突，维护经济秩序的正常流转。

第三章

二手房买卖纠纷

案例一

被查封的房屋买卖合同效力如何认定

——解析《民法典》第一百五十三条

付雪[①]

案情回顾

（一）买了查封房忧心忡忡

眼看着孩子要上小学，李明、王艳夫妇准备换房，除了考虑夫妻二人的工作单位距离外，在经济能力范围内，他们更想给孩子找个合适的学区房。经过多方咨询和无数次看房，二人终于选中了房山区明洋小区的一套二居室。

2015 年 11 月 29 日，李明、王艳怀着兴奋和期待的心情与房主吕青芳通过中介公司签订了合同。房屋成交价格 138 万元，42 万元首付，96 万元公积金贷款，这对于李明、王艳来说是可以承受的。合同签订当天，李明、王艳就向吕青芳交纳了 5 万元定金。

按照约定，下一个流程是进行房源核验和购房资格审核。合同约定吕青芳在 2016 年 3 月 1 日前向中介公司提交房源核验的材料，可是经查，交易房屋在 2015 年 5 月 15 日已被北京市朝阳区人民法院查封。中介公司将查封情况告知李明、王艳，这对二人来说犹如晴天霹雳，二人只好急切向中介公司寻求解决办法。

中介公司表示，查封的房屋是无法过户的，如果解除了查封还有继续交易的可能，但是查封房屋的买卖可能被法院认定为合同无效。现在的情况是吕青芳想卖，李明、王艳想买，可是不知如何逾越查封这条鸿沟，于是三方

---

① 北京市房山区人民法院长阳法庭法官。

一起商量解决办法。

经过核实，吕青芳的房屋是因为被其亲属在另外案件中作为担保财产而被查封的，其并不知情，可是要解除查封需要 90 万元，显然李明、王艳是不同意先行垫付这 90 万元的，毕竟存在太大风险，约定的首付款只有 42 万元，他们也没有能力拿出 90 万元现金，而吕青芳仍想卖房，于是和李明、王艳商量给她一段时间想办法解决查封事宜，李明、王艳夫妇同意了。

（二）解查封变抵押愿望难成

三个月过去了，可是查封仍然没有解除，李明、王艳决心通过诉讼维护权利。法院受理案件后，吕青芳表示自己已经在积极解决查封的事情，而且可能已经解决了。李明、王艳听后一阵欣喜，心想又可以继续买房了。

不料，经过法院查询，交易房屋确实已经在 2016 年 6 月 2 日解除了查封，可是又因借款于 2016 年 6 月 3 日被抵押给了案外人王奇，借款金额为 110 万元。李明、王艳得知后再次失望。

针对现有情况，要想继续交易，只需解除抵押或者抵押权人同意带押过户即可，这对于李明、王艳来讲，着实困难，但毕竟还有些许希望。考虑到房款为 138 万元，虽然自己只能拿出 40 多万元现金，但如果再想想办法凑够代吕青芳解押的钱，房屋还有继续交易的可能。

于是李明、王艳申请法院给予双方一定的调解期限，好想办法凑凑解押款。但更糟糕的是，经法院再次查询，交易房屋已于 2016 年 7 月 18 日出售给案外人林语，并于 7 月 22 日过户完毕。至此，李明、王艳换房愿望终落空。

原来，法律意识不足的吕青芳为解除查封病急乱投医，找了小额贷款公司高利借贷解押款并且将交易房屋抵押，不仅如此，还与小额贷款公司人员签署了出售抵押房屋的授权委托书，并经过了公证。最终，小额贷款公司人员将交易房屋出售给他人并办理过户，吕青芳并不知情，其无钱还款，对此也无能为力。

（三）换房落空无奈诉赔偿

就想买套房，一波三折，还是无望，李明、王艳的权利如何维护？李明、王艳将诉讼请求变更为解除合同、退还定金、赔偿违约金及损失等。吕青芳辩称其并不存在违约行为，其在签订合同时并不知道房屋被查封，自己也是受害者，可以退定金，但不能赔偿李明、王艳违约金和损失。虽然双方均未对本案的房屋买卖合同效力提出异议，但是法院在审理合同类纠纷案件时，必须依职权对合同效力进行审查。而在审理过程中，关于因为交易房屋涉查封，买卖合同是否有效存在较大争议。最终，一审法院判决解除合同，吕青芳返还定金5万元、赔偿违约金27.6万元、赔偿损失5万元、评估费3900元。吕青芳不服提起上诉，二审法院判决驳回上诉，维持原判。

综上，本案主要有以下争议焦点：（1）李明、王艳与吕青芳签订的房屋买卖合同是否有效？（2）如果有效，合同应否解除？（3）解除合同后违约责任如何承担？本案涉及多个争议焦点，但合同效力是前提，由于本案事实发生在《民法典》施行前，故判断本案合同是否有效主要依据《合同法》（现已失效，下同）第五十二条关于合同无效的规定，具体应该如何适用呢？

法理分析

《合同法》第五十二条规定："有下列情形之一的，合同无效：（一）一方以欺诈、胁迫的手段订立合同，损害国家利益；（二）恶意串通，损害国家、集体或者第三人利益；（三）以合法形式掩盖非法目的；（四）损害社会公共利益；（五）违反法律、行政法规的强制性规定。"本案合同显然不存在上述规定第一项至第四项的情形。关于第五项情形，《民法典》第一百五十三条第一款将其修正为"违反法律、行政法规的强制性规定的民事法律行为无效。但是，该强制性规定不导致该民事法律行为无效的除外"。至于本案合同是否适用上述第五项规定或《民法典》第一百五十三条规定，现进行如下分析。

《最高人民法院关于适用〈中华人民共和国合同法〉若干问题的解释（二）》（现已失效）第十四条规定：“合同法第五十二条第（五）项规定的‘强制性规定’，是指效力性强制性规定。”《城市房地产管理法》第三十八条第二项规定，司法机关和行政机关依法裁定、决定查封或者以其他形式限制房地产权利的房地产不得转让。

根据本案查明事实，在吕青芳与李明、王艳签署房屋买卖合同时，交易房屋已被查封，属于《城市房地产管理法》第三十八条第二项规定的权利受限制房屋，不得转让。但该规定是否属于效力性强制性规定，是否可以依据《合同法》第五十二条第五项规定认定合同无效呢？

强制性规定包括效力性强制性规定与管理性强制性规定，而效力性强制性规定与管理性强制性规定如何定义与区分并无明确规定，在理论研究中也有多种意见。笔者认为，区分效力性强制性规定与管理性强制性规定，应当从立法目的、利益趋向、合同主体、经济秩序等多重因素考量。

通常认为，法律法规明确规定违反该强制性规定将导致合同无效的，应属效力性强制性规定；法律法规虽无明确规定违反该强制性规定将导致合同无效，但违反该规定如果合同继续有效将损害国家利益或社会公共利益的，也可认定为效力性强制性规定；法律法规未明确规定违反该强制性规定将导致合同无效，违反该规定如果合同继续有效并不会损害国家利益或社会公共利益，仅会损害当事人利益的，可认定为管理性强制性规定。在审判实践中，需要具体问题具体分析。

《城市房地产管理法》第三十八条第二项规定，司法机关和行政机关依法裁定、决定查封或者以其他形式限制房地产权利的房地产不得转让，但未明确规定转让根据该项规定限制权利的房地产将导致合同无效。如果存在转让上述房地产的行为，签订合同本身并不会损害国家利益或社会公共利益，也并不当然导致合同无法履行，如果合同继续履行，同样并不当然会损害国家利益或社会公共利益，仅可能会损害当事人的利益，当事人也可以通过继续履行、解除合同或追究违约责任等方式来主张权利。综上，该项规定应当认定为管理性强制性规定。

具体到本案，虽然在买卖双方签订合同时交易房屋已被查封，但双方均不知情，没有主观恶意，也没有损害国家利益或社会公共利益，双方签订的合同并未违反法律法规的强制性规定，应属有效合同，双方均应依约履行，如果不是出现抵押、一房二卖的情形，合同完全可以继续履行，且继续履行也并不会损害国家利益或社会公共利益。

综上，根据《合同法》第五十二条第五项与《民法典》第一百五十三条的文意，《民法典》增加了“该强制性规定不导致该民事法律行为无效的除外”的规定，结合上述分析，可以看出《民法典》第一百五十三条的内容更加明确了并非所有强制性规定均导致民事法律行为无效，该规定与《合同法》第五十二条第五项的内容并不冲突，适用原则也一致。因此，关于本案合同效力的认定，《民法典》调整后，依然可以认定双方签订的合同并未违反法律法规的强制性规定，应属有效合同。

知识拓展

（一）被查封房屋买卖合同效力认定的实践分歧

关于被查封房屋买卖合同的效力问题，在审判实践中存在不同观点，主要有以下三种意见。

1. 合同无效

《城市房地产管理法》第三十八条第二项属于效力性强制性规定，被查封房屋的买卖合同违反法律法规的强制性规定，符合《民法典》第一百五十三条合同无效的情形。

房屋被查封是国家机关行使公权力的行为，被查封房屋被法律限制流通的规定，是维护社会公信力、司法公信力及法律尊严的体现。社会公共利益不应狭义地理解为社会经济利益，还包括社会公信力、司法公信力等内容。第三人申请法院查封，必定是基于维护自身的合法权益及对于经过法院查封的房屋具有稳定执行期待性的考虑，如果被查封的房屋不能被有效执行而使第三人权利落空，势必影响第三人的合法权益和第三人对于司法权威的信赖利益。所以应从源头上否定被查封房屋的买卖行为，一经交易，自始无效。

2. 房屋查封前买卖有效、房屋查封后买卖无效

从维护司法的权威和强制措施的效力、简化纠纷处理方式的角度出发，根据强制措施和房屋买卖合同签订的时间先后顺序，区分情况分别处理。

如果强制措施在先，则出卖人处分房屋的权利受到限制，该房屋属于限制流通物，房屋买卖合同一般认定为无效。《城市房地产管理法》第三十八条第二项规定的立法目的就是保证被查封物品具有权利归属上的稳定性，禁止交易行为本身，如果在房屋权利受限制的情况下交易，将违反立法目的，破坏司法权威，侵犯第三人权益。

如果签订合同在先，则有权国家机关采取的强制措施不影响已经成立的房屋买卖合同的效力。首先，交易双方并没有交易限制流通物的故意，并不存在破坏社会公信力及司法公信力的行为。其次，交易过程中出现查封，在协调各方利益的前提下也可以解除查封、继续交易，在无法继续交易的情形下也可以解除合同，守约方可通过追究违约方的违约责任来实现权利救济。

3. 合同有效

《城市房地产管理法》第三十八条第二项属于管理性强制性规定，被查封房屋的买卖合同不符合《民法典》第一百五十三条合同无效的情形。被查封房屋只是交易房屋权利受限制，在解除限制之后是可以继续交易的，并不影响国家利益或社会公共利益，理应有效。

综合分析上述三种意见，笔者倾向于合同有效。

《民法典》第二百一十五条规定，当事人之间订立有关设立、变更、转让和消灭不动产物权的合同，除法律另有规定或者当事人另有约定外，自合同成立时生效；未办理物权登记的，不影响合同效力。该条规定确立了不动产物权变动的原因与结果相区分的原则。房屋买卖合同是物权变动的原因，其基础法律关系是债权债务关系，房屋所有权转移是房屋买卖的结果。被查封的效果对能否进行物权变动产生直接影响，但是合同行为本身仅是原因，是否查封并不影响合同本身的效力。

综合上述关于《城市房地产管理法》第三十八条第二项属于管理性强制性规定的论述，笔者认为，关于被查封房屋的买卖合同应认定为有效。如此既符合社会利益与公平原则，也有利于维护交易的稳定性与安全性，至于合同的履行应视情况而定。

（二）合同有效情况下的履行情况分析

房屋买卖合同的履行关键在于价款的给付、房屋的交付与过户，被查封房屋买卖合同的履行必然面临一些客观障碍，在实践中存在继续履行和无法继续履行两种情况。

1. 合同继续履行

查封并不改变房屋的所有权属性，只是对其权利行使加以限制而已。在相应有权国家机关或申请采取强制措施的权利人同意转让或者解除查封措施的情况下，合同可以继续履行。同时，如果在履行过程中，任何一方有违约行为，应当追究违约责任。

2. 合同无法继续履行

虽然合同有效，但是在履行过程中仍然存在多种可能导致合同无法继续履行的情况。

第一，在一审法庭辩论终结前查封仍未解除，导致无法办理过户，构成客观上履行不能。此时买方按照约定或者法定事由享有单方解除权，可以要求解除合同，同时要求卖方承担违约责任。

第二，解除查封后，房屋存在抵押，双方均无力解押导致合同无法继续履行。此时应当根据双方合同约定，分析无法解押的过错方，根据实际情况追究违约方责任。本案即存在解封后又抵押的情况，按照双方约定，过错方为吕青芳，因此李明、王艳有权要求吕青芳承担违约责任。

第三，解除查封后，房屋又被卖与第三人，导致合同无法继续履行。一房二卖，明显是卖方过错，买方可以要求解除合同并要求卖方承担违约责任。本案即属于此种情况，李明、王艳有权要求解除合同并要求吕青芳承担违约责任。那么，违约责任应当如何承担呢？法院经审理判决解除合同，并判决吕青芳退定金、给付违约金、赔偿房屋差价损失等，以此弥补李明、王艳因吕青芳违约遭受的损失，从而实现法律的正义与公平。

第四，解除查封后，发现卖方无权处分，权利人或者房屋的共有权人不同意出卖房屋，导致合同无法继续履行。如果经审查，权利人或者房屋的共有权人确实不知晓且不同意出卖房屋，那么房屋过户即存在障碍，合同无法继续履行，买方只能要求卖方承担违约责任。

第五，解除查封后，合同又因不可抗力或情势变更导致无法继续履行。近年来，各地纷纷出台各种房屋限购政策，对房屋买卖合同的履行产生巨大影响，符合情势变更情形，应当依据合同约定和法律规定处理。

除上述情形外，还有合同一方当事人违约达到合同约定的解除条件、交易房屋因房屋性质问题无法过户等情形，导致合同无法继续履行，均需根据具体情况具体处理。

普法提示

近年来，随着我国房地产行业的不断发展，存量房交易市场也在逐渐趋于成熟。但鉴于存量房种类较多、房地产中介机构经营行为不规范、交易双方风险防控意识不强等原因，存量房交易仍然存在程序复杂、风险大的问题。下面主要针对本案涉及的交易风险作如下提示。

（一）选择正规中介公司

买卖双方均应主动选择正规的中介公司，通过更加规范的合同条款约束双方的交易过程，可以降低交易中经常出现的虚假房源、虚假房主等很多风险，也能在对方违约时更好地维护自身权利。即使中介公司存在过错，给买卖双方造成了损失，中介公司也具有更强的赔偿能力。本案中，双方合同关于合同价款支付、合同解除及违约责任的确定均约定明确，因此在李明、王艳买房不成时，还可以依据合同约定行使单方解除权，要求解除合同，也可以依据合同约定要求吕青芳赔偿违约金，以及因吕青芳违约给其造成的房屋差价等损失，在经济上基本得到了相应补偿。

（二）买方在签订合同后应及时办理预告登记

《民法典》第二百二十一条第一款规定，当事人签订买卖房屋的协议或者签订其他不动产物权的协议，为保障将来实现物权，按照约定可以向登记机构申请预告登记。预告登记后，未经预告登记的权利人同意，处分该不动产的，不发生物权效力。依据该规定，一旦办理了预告登记，未经过买方同意，卖方就无法再设定抵押，也无法再另行处分房屋，大大降低了卖方恶意损害买受人利益的风险。

（三）履行过程中发现房屋被查封买方可提出执行异议

在合同履行期间，发现交易房屋被查封，买方可以向查封法院提出执行异议。经审查，异议成立的，法院将对查封予以解除，异议不成立的，予以驳回。

（四）发现房屋被查封后及时了解情况

买方在履行合同过程中发现交易房屋被查封，如果想继续履行合同，应当要求卖方配合了解被查封情况，也可以申请法院查询并提供相关信息。在充分了解查封原因、涉案金额等情况下，如果坚持履行合同，也可以积极与查封机关沟通，寻求解除查封的方案，确保房屋符合继续交易的条件。

（五）随时取证，及时维权

在买卖合同过程中，双方均应随时保存对自己有利的证据，包括通话录音、短信及微信记录等容易被忽视的证据。纠纷随时可能发生，为避免举证困难，买卖双方必须增强取证意识，避免重要证据流失。

买方在购买房屋时，还应当注意按规定进行资金监管、符合条件及时办理过户、在发现对方有转移财产嫌疑时及时申请财产保全等；卖方也应当注意合同条款约定明确、关注对方购房资格、考察经济能力等。双方都要做到买卖行为尽量谨慎规范，维护好切身利益。

案例二

夫妻一方擅自处分共有房屋，房屋买卖合同效力如何认定

李戈[①]

案情回顾

现代社会中，房屋是重要的私人财产，在夫妻共同财产中拥有重要的地位。近年来，夫妻一方擅自处分共有房屋而导致夫妻另一方与房屋买受人之间的纠纷屡见不鲜，还严重影响到了第三人的利益。这类纠纷也因为房屋价格上涨、房地产新政的出台等因素，矛盾更加尖锐。本案讲述的就是夫妻一方未经另一方同意擅自处分共有房屋，而另一方不同意出售所引发的房屋买卖合同纠纷，这是房屋买卖合同纠纷中的常见问题。

张东与刘西二人系夫妻关系，二人于 2014 年 3 月 21 日购买了位于北京市昌平区的 202 号房屋，登记的权利人为刘西、张东，共有情况为刘西 50%，张东 50%。2016 年 8 月 22 日，刘西（甲方、出卖人）与杨铎（乙方、买受人）及易合公司（丙方、居间人）签订《房屋买卖居间合同》及《补充协议》，约定甲方刘西将 202 号房屋以 395 万元的价格出售给乙方杨铎。合同签订当日，杨铎向易合公司支付居间服务费 6 万元，向刘西支付定金 10 万元。后刘西收到购房款共计 220 万元，其中含定金 10 万元。合同并未履行到产权过户环节。

张东于 2017 年 3 月 13 日诉至法院，以其因长期在国外出差，对妻子刘西擅自处分夫妻共有财产的行为并不知情为由，要求确认《房屋买卖居间合同》及《补充协议》无效。

刘西辩称，涉案房屋是 2013 年购买的，装修后一直未居住，2014 年想

① 北京市房山区人民法院立案庭法官助理。

过出售，但是一直到2016年才出售，其确实没有和丈夫张东协商卖房的事，2017年2月28日要交房，张东并不同意其出卖房屋。办理公积金贷款解押的时候，没有张东的配合不能完成解押，所以至今没有解押。

杨铎辩称，合同的签订合法有效，张东与刘西一直共同生活，该房屋买卖合同签订于2016年8月，至张东起诉期间有8个月，张东提出对此完全不知情并不符合常理。这套房屋系张东与刘西公积金贷款购买，没有办理房产证，自己无法知晓房产真实产权情况，请求法院依法驳回原告诉讼请求。

法院经审理认为，刘西与杨东签订的《房屋买卖居间合同》及《补充协议》系双方真实意思的表示，且不违反法律、行政法规的强制性规定，合同应当合法有效。根据法律规定，“当事人一方以出卖人在缔约时对标的物没有所有权或者处分权为由主张合同无效的，人民法院不予支持”。现张东以刘西无权擅自出售夫妻二人共有房屋为由，请求确认刘西与杨铎签订的《房屋买卖居间合同》及《补充协议》的房屋买卖合同关系无效，依据不足，法院不予支持。综上所述，依照《合同法》（现已失效）第五十二条和《最高人民法院关于审理买卖合同纠纷案件适用法律问题的解释》第三条（已被修改，下同）之规定，判决驳回张东的全部诉讼请求。

张东不服一审判决，上诉至二审法院，要求撤销原判，依法改判支持其诉请。

二审法院经审理认为，《最高人民法院关于审理买卖合同纠纷案件适用法律问题的解释》第三条第一款规定，“当事人一方以出卖人在缔约时对标的物没有所有权或者处分权为由主张合同无效的，人民法院不予支持”。该条款是对无权处分情形下买卖合同效力的规定。本案中，张东主张刘西擅自处分夫妻共有房屋，属于法律上的无权处分情形，一审法院适用该条款处理本案正确。该条款并未明确规定“当事人一方”为合同中的一方当事人，且该条款旨在解决出卖他人之物的合同效力问题，故张东以其不是合同中的一方当事人为由主张本案不应适用该条款的理由不能成立，法院不予采纳。本案中，诉争合同系刘西与杨铎的真实意思表示，并不违反法律、行政法规的强制性规定，是合法有效的合同。故张东请求确认诉争合同无效缺乏法律依据，一审法院驳回张东的诉讼请求正确，法院予以维持。依照《民事诉讼法》第一百七十条（现第一百七十七条）第一款第一项规定，判决驳回上诉，维持原判。

本案的焦点就在于刘西与杨铎、易合公司签订的《房屋买卖居间合同》及《补充协议》的房屋买卖合同的效力认定问题。

法理分析

（一）夫妻一方擅自处分共有房屋的行为性质认定

处分共有房屋的性质如何认定直接影响到所订立的房屋买卖合同的效力。《民法典》第五百九十七条第一款规定："因出卖人未取得处分权致使标的物所有权不能转移的，买受人可以解除合同并请求出卖人承担违约责任。"本条是在吸收了《合同法》第五十一条[①]关于无权处分规定的基础上，吸收了《最高人民法院关于审理买卖合同纠纷案件适用法律问题的解释》第三条的规定，所作的增补规定。这一条也是民法典编撰过程中重点研究和讨论的条文。那么无权处分是否包括处分共有物的情形呢？审判实务中通常将处分共有物作为处分他人财产的一种特殊情形处理。

在无特别约定的情况下，夫妻在婚姻关系存续期间所得的财产，为夫妻共同所有。根据《民法典》第三百零一条的规定，处分共有的不动产或者动产及对共有的不动产或者动产作重大修缮、变更性质或者用途的，应当经占份额三分之二以上的按份共有人或全体共同共有人同意，但是共有人之间另有约定的除外。因此，夫妻一方擅自处分共有房屋的，其行为属于无权处分。本案中，张东明确表示不知情且拒绝追认刘西对共有房屋的处分，因此刘西未经张东同意擅自将房屋处分的行为，侵害了作为房屋共有人的张东的合法

① 《合同法》第五十一条规定："无处分权的人处分他人财产，经权利人追认或者无处分权的人订立合同后取得处分权的，该合同有效。"

权益，是无权处分。

（二）夫妻一方擅自处分共有房屋的合同效力

《民法典》第二百一十五条规定："当事人之间订立有关设立、变更、转让和消灭不动产物权的合同，除法律另有规定或者当事人另有约定外，自合同成立时生效；未办理物权登记的，不影响合同效力。"这条规定正式确立了以"负担行为与处分行为相区分"为内容的物权变动模式。《民法典》第五百九十七条第一款作出进一步明确："因出卖人未取得处分权致使标的物所有权不能转移的，买受人可以解除合同并请求出卖人承担违约责任。"这两条规定保障了市场交易的安全，将负担行为和处分行为相区分。买卖合同只是负担行为，是当事人之间发生债权债务关系的基础，有效的负担行为并不以当事人对标的物有处分权为必要条件。即使合同订立时出卖人没有处分权，也并不影响出卖人与买受人订立合同的效力。《民法典》第五百九十七条中的违约责任一词可以明确得出买卖合同不因出卖人无权处分而无效的结论。因此，在本案中，无论涉案房屋的共有人张东是否事后追认合同，该合同均自合同成立时即生效，张东诉至法院要求确认合同无效的诉求无法得到实现。

但是，是不是凡夫妻一方擅自处分共有房屋的合同就绝对不能认定无效呢？答案是否定的。法院认定合同无效必须要有法定事由。如能提供有效证据证明存在出卖人与买受人恶意串通意图侵占夫妻共有财产的情形，则构成认定合同无效的法定事由。换言之，夫妻一方擅自处分共有财产的买卖合同原则上有效，无效是作为例外情形存在的。本案中，张东并未向法院提供证据证明存在确认合同无效的法定事由。

知识拓展

买卖合同有效后，夫妻另一方及买受人的权益如何得到维护，这是大家普遍更为关心的问题，接下来我们将对后续问题作进一步解释分析。

（一）尚未办理完成房屋所有权变更登记，买受人能否要求房屋过户？

合同的效力和合同的履行是两个问题，合同有效并不当然导致房屋过户的结果发生。

买受人请求履行房屋买卖合同，其他共有人在协商过程中同意出卖共有房屋的，买受人可以要求房屋过户；其他共有人坚持不同意出卖该共有房屋，并表示不予协助办理该房屋权属变更登记手续的，法院应驳回买受人关于继续履行合同的诉讼请求。

对于房屋买卖给买受人造成的损失，买受人可通过向出卖人主张违约责任或者解除合同请求损害赔偿来获得补偿。本案中，刘西与杨铎签订的合同尚未履行到过户环节，在房屋共有人张东坚持不同意出售房屋的情形下，杨铎无权请求继续履行合同，只能依据《民法典》第五百九十七条要求解除合同并请求出卖人承担违约责任来实现权利救济。

（二）已办理完成房屋所有权变更登记，夫妻另一方能否向买受人主张返还房屋？

出卖人未经共有人同意，与买受人签订房屋买卖合同，出卖登记在其个人名下的共有房屋，如果买受人是善意，且支付了合理对价并已经办理了房屋转移登记手续，这种情况下已经构成了善意取得。此时，买受人取得房屋所有权，其他共有人以登记权利人处分共有房屋未经其同意，不符合法律规定的共有物处分条件或者当事人约定的条件要求确认房屋买卖合同无效并追回该共有房屋的，法院应当基于买受人已经善意取得了该共有房屋，对共有人的诉讼请求不予支持。

《民法典》第三百一十一条第一款对善意取得制度作出了明确规定："无处分权人将不动产或者动产转让给受让人的，所有权人有权追回；除法律另有规定外，符合下列情形的，受让人取得该不动产或者动产的所有权：（一）受让人受让该不动产或者动产时是善意；（二）以合理的价格转让；（三）转让的不动产或者动产依照法律规定应当登记的已经登记，不需要登记的已经交付给受让人。”

善意取得制度旨在平衡原权利人与善意第三人的利益冲突，一旦满足善意取得的全部构成要件，即可保护善意第三人的信赖利益，维护正常的交易秩序。虽然这一制度的存在和实行会使原权利人失去对物的所有，但是法律必须在发生利益冲突的情况下作出取舍选择。对于善意取得的理解，应当注意把握以下几个关键点：

一是善意的认定标准。对于作为不动产的房屋而言，应当以第三人对登记的信赖作为判断是否构成不动产善意取得的标准。由于不动产登记机关是国家机关，房屋的物权登记具有公示公信力，买受人基于登记的公信效力有理由相信登记显示的权利人为房屋的真实所有权人，在房屋买卖过程中信赖房屋登记簿的记载，就应推定其为善意，除非有证据证明其事先明知登记错误或者登记簿中有异议登记的记载。这里的善意并不以第三人进一步核实登记事项为前提，作为个体的买受人在审查能力上无法与房屋登记机构相比，其所应承担的审查义务也不应高于房屋登记机构。并且对买受人科以实质审查义务将大大提高交易成本，延长交易时间，有违交易效率原则，因此从鼓励交易、保护市场交易安全的目的出发，不应强加给买受人过多的审查义务。

二是善意的证明责任分配。在不动产善意取得中，取得人不负有证明自己是善意的举证责任，而由否定第三人为善意之人承担举证责任。因此，在举证责任的分配上，原则上应由否认第三人为善意之人的夫妻另一方负举证责任，如果其不能证明取得人为恶意，就应推定第三人为善意。

三是合理对价的认定。合理对价是指房屋价款与其价值基本相当，排除不合理低价或者无偿出让等情形。判断第三人在取得房屋所有权时支付的对价是否合理，一般应以主观标准为准，只要合同双方已经完成变更登记，即应推定该对价为合理。除非夫妻另一方举证证明该对价与市场同类房屋价格悬殊或者法官根据日常生活经验足以判断该对价确实明显有悖常情。在判断第三人支付的对价是否合理时，要综合考虑该房屋的性质、类型、所处地域、市场同类房屋平均价格等多方面因素。特殊情形下，法院也可以将争议房屋交由房屋估价机构进行估价。考虑到市场交易的个体差异和交易行情的多变性，只要评估价和合同约定对价不存在明显差异，则应认定对价属于合理范畴。

四是合理对价应已实际交付。在我国，善意取得制度除通过确定无权处分时动产或者不动产物权的归属而具有维护交易安全的功能外，还具有调整不正当利益变动的功能。因此，买受人已实际支付交易价款也是必要的构成要件。

五是买受人必须办理了相关登记手续。这一要件是不动产适用善意取得所特有的，我国不动产物权实行登记生效主义，因此只有在办理登记手续后，买受人才能依法取得房屋的所有权。

普法提示

一是为了维护当事人合法权益，夫妻共有房屋应当尽量登记在双方名下。为了防止夫妻一方擅自处分登记在其名下的共有房产，夫妻应当尽量将共同所有的房屋登记在双方共同名下，通过真实准确的不动产登记信息，维护好自身的合法财产权益。

二是夫妻双方关系恶化或获知另一方可能存在恶意转移财产的行为时，为防止损失的发生，可以向当地房地产交易中心申请对共有房产异议登记。但应当注意的是，必须要在异议登记之日起 15 日内，向法院提起离婚诉讼，取得离婚诉讼立案通知书后，再到房产登记机关备案，否则异议登记失效。无法异议登记时，当事人可根据《民事诉讼法》的规定，在提起离婚诉讼前 15 日内或提起离婚诉讼期间向法院申请财产保全，由法院对涉案房产采取财产保全措施，并提供相应担保。

三是买受人购买房屋时，应当尽到合理谨慎的注意义务，实际查阅不动产登记簿，核实房屋的产权登记情况，如房屋产权登记在出卖人夫妻双方名下或夫妻另一方名下的，房屋买卖合同必须有夫妻另一方或者其代理人签字；如房屋产权登记在出卖人一人名下的，买受人出于谨慎考虑，最好就房屋是否属于夫妻共同财产以及夫妻另一方是否同意出售该房屋做进一步询问，并实际看房，了解房屋真实居住情况。

案例三

一房二卖情形下房屋买卖合同的效力问题

——恶意串通在司法实践中的判断标准

李亚丽①

案情回顾

在过去的几年中，随着房地产市场的发展变化，一线城市的房屋价格呈现出从大幅上涨到逐渐回落再到相对平稳的波动态势，而房屋价格的波动导致毁约、一房二卖的情形时有发生，生活在北京的白宣和先生就经历了这样一场买房风波。

（一）喜出望外搬新家，房产证却另易新主

2016年春季，白宣和不到30岁，准备在房山区买一套房子开启自己的幸福生活，于是他找到房山区的一家经纪公司，寻找合适的房源。在经纪公司的带领下，经过几次看房，白宣和看中了地铁附近一套90平方米左右的房子，价格、面积、户型都合适，于是在经纪公司的撮合下，白宣和以129万元的价格与卖房人王科签订了房屋买卖合同，合同约定王科在收到白宣和首付款当日，将该房屋交付给白宣和，同时因为这套房屋的房产证还没有办理下来，所以双方约定房产证下发后30个工作日内再办理过户手续。签订房屋买卖合同后，白宣和先后支付了3万元定金和40万元首付款，王科先生也如约将房屋交付给白宣和使用。

住上了新房子，白宣和心里别提多高兴了，但是房产证的事没有落定，他心里总是不踏实。转眼到了年底，白宣和得知房屋的房产证办理下来了，这也就意味着可以过户了，白宣和高兴地催促王科办理过户手续，但是王科

① 北京市房山区人民法院窦店人民法庭法官、副庭长。

总是推脱，无奈之下白宣和将王科诉至法院，要求继续履行合同，到法院之后才得知王科已经把房子又卖给了一个叫丁言的人，并且已经办理了过户手续。这件事对于白宣和而言简直就是晴天霹雳，他怎么也没想到自己已经住了小一年的房子又被卖给了别人。

（二）无奈之下对簿公堂，几经周折合同终被确认无效

气愤之余，白宣和将王科、丁言、经纪公司以及经纪公司的负责人寒冰告到了法院，要求确认王科、丁言签订的房屋买卖合同无效，理由就是根据《合同法》（现已失效）第五十二条第二项的规定，恶意串通，损害国家、集体或者第三人利益的，合同无效。王科、丁言之间交易房屋的行为属于恶意串通，损害了白宣和的合法权益，所以应属无效。

王科对此答辩称："2004 年我们夫妻共同购买了涉案房屋，因开发商原因，2016 年 12 月才办好不动产权证书，2017 年 4 月与丁言签订了房屋买卖合同并顺利过户。本人办理手续的原因如下：1. 签合同时系双方自愿，不动产权证书已办理下来；2. 本人卖房期间，有太多人看房，并且本人手中一直有房屋钥匙；3. 本房屋买卖属于双方自愿，本人当时认为房屋有价无市，加上本人对白宣和主观上的反感，就将房屋顺利卖给了丁言，白宣和的指控系对合法交易的恶意干涉。"

对于白宣和的起诉，丁言也有自己的答辩意见，称其与王科是正常的买卖房屋，而且因为白宣和没有腾房，现在涉案房屋还无法居住，故不同意白宣和的诉讼请求。

经纪公司及其负责人寒冰认为，白宣和购买房屋是通过公司业务员购买的，因为负责人寒冰有资质，所以合同均由寒冰签字。丁言购买王科的房子寒冰是不知情的，因为丁言在 2017 年 3 月的时候，说要向寒冰借一笔钱，而经纪公司是有对外放款业务的，所以寒冰就同意了，约定的是借 230 万元，每月利息 3.5 万元，借款期限 1 年，所以原告说丁言所有的购房款是由寒冰提供的与事实不符，实际上是寒冰借给丁言的，而寒冰借钱也是为了赚钱，觉得利息合适就借了，并且这个借款是寒冰个人借给丁言的，与经纪公司没

有关系。

法院经审理认为，恶意串通，损害国家、集体或者第三人利益的，合同无效。本案争议事实为被告王科将涉案房屋转卖给被告丁言是否属于恶意串通。根据法庭调查及双方当事人提交的证据，法院认定被告王科与被告丁言之间存在恶意串通之嫌，其原因有三：

第一，被告丁言向法庭陈述的购买涉案房屋的过程与常理不符，根据法庭调查，被告丁言表示其于2016年5—6月通过网络得知涉案房源信息，并与被告王科联系后去涉案房屋查看过一两次，房屋当时为出租状态，后因该房屋没有办理房产证，双方未交易成功，2017年3月，被告王科联系被告丁言询问是否购买涉案房屋，双方协商价款后即签订了房屋买卖合同，被告丁言未再去涉案房屋查看，其解释称因被告王科表示房屋内有租户不便查看。庭审中，经法庭询问，被告丁言表示购买涉案房屋为自用，其妻子因在外地出差从未到涉案房屋查看过。然而，房产交易属于大额资金交易，购买房屋对于购房自用的被告丁言而言更是重要生活事项，鉴于此，被告丁言在时隔将近一年之久准备购买房屋时未再次查看确认房屋状态与常理不符，且其妻子自始至终未到涉案房屋查看亦与常理不符。

第二，被告丁言的全部购房款均来源于中介原告白宣和与被告王科进行房屋买卖交易的经纪公司负责人寒冰。经法庭询问，第三人寒冰表示被告丁言借款时称用途为投资项目，被告丁言亦是如此陈述，但同时被告丁言向法庭表示购买涉案房屋为自用，并非投资，然而第三人寒冰是被告丁言多年的朋友，又从事房产中介业务，被告丁言没有理由向第三人寒冰隐瞒钱款用途，且借款为230万元，如此大额款项，被告丁言并未提供担保，却在法院通知第三人寒冰参加诉讼时将涉案房屋抵押给第三人寒冰，与常理不符。再者第三人寒冰提交的借款协议显示，利息计算方式为自支用借款之日起，按实际支用金额计算利息，第三人寒冰实际出借给被告丁言的金额为226万元，且分多次支付，支付时间并非同一天，故各批出借款项的利息计算起点应不相同，然而其提交的银行转账明细显示，被告丁言向其支付的利息为21万元，即按照协议约定的本金230万元统一以月利率3.5万元标准支付，并未区分各批款项的利息计算起点，亦未将未出借的4万元款项扣除，与常理不符。

第三，第三人寒冰向法庭陈述与被告丁言为多年朋友，但却向原告白宣和父亲陈述不认识被告丁言，前后陈述矛盾，且向法庭做出的解释与常理不符。经法庭对比，被告丁言和被告王科签订的房屋买卖合同的范本与被告王科和原告白宣和签订的合同范本基本一致。被告王科与原告白宣和的房产交易系通过第三人经纪公司完成，合同范本亦是经纪公司提供，经纪公司表示该范本是其根据自己公司情况在官方提供的范本基础上修改而成，而被告丁言表示其与被告王科的合同范本是通过百度搜索而来，事实上这种高度巧合的发生概率极低。综上，法院通过诸多不合常理及高度巧合之处推断被告丁言在与被告王科签订房屋买卖合同时并非出于善意，第三人寒冰亦非单纯、善意的房款出借人，被告丁言对于被告王科与原告白宣和之间买卖涉案房屋的交易并非不知情，双方之间存在恶意串通。

通过以上认定，法院认为被告王科在已经与原告白宣和签订房屋买卖合同后，又与被告丁言恶意串通，将房屋再次出售给被告丁言，损害了原告白宣和的合法权益，故原告白宣和要求确认2017年4月6日被告王科与被告丁言签订的房屋买卖合同无效的诉讼请求，具有事实和法律依据，法院予以支持。判决后，双方当事人均未上诉。

法理分析

本案涉及对合同效力的认定问题，具体为如何正确理解合同无效的概念，司法实践中如何框定“恶意串通”的标准。

（一）合同无效问题

合同无效是指当事人所缔结的合同因严重欠缺生效要件，在法律上不按当事人合意的内容赋予效力。无效的合同自始没有法律效力，不会因时间推移及履行程度的变化而改变。本案中，丁言与王科的合同已经签订，且双方已经履行了大部分内容，房屋所有权也已经变更至丁言名下，即便如此亦不影响合同自始无效的法律后果。

合同无效又分为绝对无效与相对无效两种情形，绝对无效的合同是指任何人均可以主张其无效，而相对无效的合同仅赋予受害第三人宣告其无效的权利。实践中的合同以绝对无效为原则，以相对无效为例外。具体到本案，因丁言与王科之间的房屋买卖合同侵害了特定第三人白宣和的合法权益，所以白宣和作为原告起诉要求确认合同无效具有法律依据。

（二）恶意串通损害第三人利益的认定问题

《合同法》第五十二条规定：“有下列情形之一的，合同无效：……（二）恶意串通，损害国家、集体或者第三人利益；……”2017年10月1日施行的《民法总则》第一百五十四条规定，行为人与相对人恶意串通，损害他人合法权益的民事法律行为无效。《民法典》第一百五十四条规定，行为人与相对人恶意串通，损害他人合法权益的民事法律行为无效。前后几部法律对该事项的规定并无实质不同，都确认了恶意串通损害第三人利益的合同属于无效合同的法律观点。

恶意串通属于主观因素，是指双方当事人在行为时即具有共同故意，希望通过订立合同损害第三人的利益。这里的“第三人”是指特定第三人还是不特定第三人，法律并未明确说明，但就通常司法实践理解，应指特定第三人利益为宜，因为不特定第三人的利益一般是大众利益、公共利益，可以适用违反公序良俗而无效的规定。

正因为恶意串通属于主观因素，所以在司法实践中的认定也变得更为复杂和艰难，当事人在法庭上一般都否认存在恶意串通，会通过各种虚假陈述来掩盖双方行为时恶意串通的心理，法官要通过询问双方当事人、查考证据等方式发现其中的漏洞及不合常理之处，通过对诸多不合常理之处的判断并结合客观证据最终得出双方存在恶意串通的结论。

恶意串通的构成要件可归纳为以下三点：（1）存在第三人的合法利益；

（2）双方明知该利益的存在；（3）双方合意时具有扩大自己利益或损害第三人利益的故意。实践中可通过查证以下几点审查案件是否满足了上述构成要件：（1）双方如果存在恶意串通，那么恶意串通后是否可以使自己获益，获取何种利益。本案中，2016年至2017年正是北京房价飞速上涨的时期，部分人在出售房屋但未完全履行房屋买卖合同后发现交易价格已明显上涨，如果再次出售将获取更大的经济利益，所以铤而走险、不顾诚信一房二卖，本案中的王科正是被巨大的经济利益驱动才将房屋二次卖给了丁言。（2）双方的交易方式是否符合交易习惯。这里一般需要考证双方是否简化了交易流程，本案中有两点不符合交易流程，一是对丁言而言，购买房屋属于自用且为重大的生活事项，查看房屋状态属于必需的交易流程，然而其在决定购买之后没有再行查看房屋，且其妻子从来没有查看过，不符合房屋交易的一般流程；二是丁言购买房屋的房款来源于寒冰的借款，但高达230万元的借款却没有提供担保，与普通借款的交易流程不符。（3）当事人陈述是否前后一致。庭审中反复让当事人陈述细节直至露出破绽是认定虚假陈述的重要方法。经纪人寒冰与丁言本是多年熟识的朋友，却对白宣和父亲谎称说不认识，在法庭询问其借款原因时直接陈述双方为多年好友，明显前后不一致。

知识拓展

（一）无效之后的处理问题

在恶意串通的合同被确认无效后，第三人如何选择下一步的救济途径呢？具体到本案，白宣和如果选择继续履行自己的那份房屋买卖合同，那么选择什么样的司法途径才能将房屋过户至自己名下呢？因丁言与王科之间已经办理了房屋所有权转移登记手续，所以在法院确认涉案房屋买卖合同无效后，白宣和无法直接以民事诉讼方式起诉王科要求办理房屋所有权转移登记手续，而是要先进行行政诉讼，将为丁言办理不动产权证书的行政机关（相应规划和自然资源委员会）作为被告起诉，由法院认定因房屋买卖合同已经被确认无效故被诉不动产转移登记行为的合法性基础存在缺失，依法应当予以撤销，使物权登记恢复至王科名下，之后才可以再次提起民事诉讼要求将房屋转移登记至其名下。

（二）数个房屋买卖合同均有效时的履行顺序问题

一房二卖或一房数卖的情形在司法实践中屡见不鲜，本文所涉案例属于后手买房人与出卖人之间存在恶意串通时，前手买房人通过确认后手买卖合同无效的方式实现救济的情形。然而，司法实践中亦存在仅出卖人具有恶意，其他买受人均不知存在其他买卖合同的情形，此种情形下先后存在的多个房屋买卖合同均为有效，如果买受人均要求继续履行，那么该如何处理呢？

不动产经登记后方具有公示公信的效力，即可以产生对抗第三人的法律效力，所以存在数份房屋买卖合同的，首先要看房屋所有权是否发生了转移登记，原则上已经办理完所有权转移登记的买受人的履行顺序要优于没有办理转移登记的买受人；若均未办理房屋所有权转移登记，考虑合同履行的程度及后期执行的问题，则优先履行已经办理完房屋交付的合同；若均未办理房屋所有权转移登记，又未合法占有房屋的，应综合考虑各买受人实际付款数额的多少及先后、是否办理了网签、合同成立的先后等因素，公平合理地予以确定。

普法提示

房屋买卖交易是涉及民众基本生活的重要事项，且随着交易价格的增长，购买房屋的支出占据了家庭财产的绝大部分收入，有些家庭甚至是举债购房，基于此，在签订及履行房屋买卖合同时要加强防范、周密谨慎，避免发生争议。

（一）转变观念，谨慎选择无法立即办理所有权转移登记手续的房屋

在我国，不动产需要过户登记方能产生物权变动的法律效力，所以在房屋交易时办理所有权转移登记是极为重要的一环。实践中，很多房屋在出售时并未取得房屋所有权证，或是已经取得房屋所有权证但出卖时不符合“满五唯一”[①]的条件，需要多缴纳税费，于是双方在买卖合同中约定等满足条件时再行过户，部分买受人出于麻痹大意的心理，或因为价格、契税等因素购买了该类房屋，但这无疑增加了履行风险，一旦出卖人反悔或因政策原因导致房屋无法办理房屋所有权证，房屋买受人的权益将面临受损的风险。所以，民众要转变占有房屋胜于转移登记的传统观念，增强法律意识，充分认识房屋所有权转移登记的重要性，谨慎选择房屋。

（二）选择规模大、口碑好的经纪公司

随着房地产市场的兴起，诸多经纪公司也如雨后春笋般出现，但却存在良莠不齐、鱼龙混杂的问题。民众在选择经纪公司时应当选择规模大、口碑好的经纪公司，不要因贪图节省居间服务费的小利而引发房产纠纷的重大损失。实践中，规模较大并具有一定市场口碑的经纪公司无论在业务员的业务能力、职业道德还是房源的把关、合同文本的审定方面都具有较大优势，可以大幅度降低买卖双方的交易风险。本案中白宣和选择的是一家名气不大的经纪公司，结果万万没想到经纪公司的负责人却帮助丁言与王科恶意串通，上演了一场一房二卖的戏码。

（三）严防死守，周密合同条款以降低履行风险

房屋买卖合同在房屋交易中起着举足轻重的作用，在明确双方的权利义

---

① 满五唯一，房地产名词，“满五”是指房产证从出证开始计算，时间满五年或超过五年；“唯一”则是指业主在该省份内，名下只登记有这一套房子。通常情况下，满足“满五唯一”的条件即可减免税费。

务、规范履行程序之余，还具有降低违约风险、提高维权胜算的作用。所以民众在签订房屋买卖合同时对合同条款要高度重视，对房屋交易中隐存的风险要提前在合同条款中进行约定，必要时可通过加重违约责任的形式来限制行为人，使其因违约而产生的不当利益低于违约成本，从而避免违约行为的发生。

案例四

二手房买卖合同户口迁移问题

——出卖人未履行户口迁移义务的违约责任

吕少军[①]

二手房交易中，因涉及户籍管理制度，并涉及拆迁、学区房等因素，房屋中原有户口的迁出已经成为房屋买卖合同中卖方需履行的一种重要义务，然而因为户籍管理问题有自身的管理规范要求及相应条件，强制户口迁出不具有现实可操作性，因此引发了众多的纠纷。在二手房买卖合同中，如何规避相应风险呢？

案情回顾

2013 年 5 月 20 日，原告（乙方）与被告（甲方）杨某及居间方北京华熙房地产经纪有限公司签订《存量房屋买卖合同》，该合同约定房屋价款为 130 万元，同时约定出卖人应将该房内户口于 2014 年 5 月 20 日前迁出，保证买受人入住后能够顺利落户。该合同约定，出卖人未按时间向房屋所在地的户籍管理机关办理原告户口迁出手续的，如因出卖人自身原因未如期将与该房屋相关的户口迁出，应当向买受人支付 2000 元违约金；户口迁出逾期超过 30 日，出卖人还应当按日计算向买受人支付全部已付款万分之五的违约金。被告丁某作为被告杨某的配偶签署了共有产权人同意出售声明。合同签订后，双方按约定履行了支付房款、过户及交付房屋等义务，但截至 2017 年 9 月 4 日，被告杨某一直未能将自己的户口从诉争房屋内迁出。2016 年 10 月 8 日，原告将诉争房屋出卖给案外人，并于 2017 年 1 月 16 日将房屋过户。经原告多次催促，二被告至起诉前仍未能将其在房屋内的户口迁出，诉争房屋中户口仍为杨某、丁某及其未成年子女。原告主张根据户籍管理制度，三人户口应一同迁出，特

① 北京市房山区人民法院长阳法庭员额法官。

提出诉讼请求：第一，请求法院判令二被告继续履行合同，将诉争房屋内的全部户口于判决生效后30日内迁出。第二，请求法院判决二被告向原告支付自2014年5月21日至实际迁出之日的违约金。第三，本案诉讼费用由被告承担。

法院经审理认为，原告与被告签订的房屋买卖合同应属有效合同，双方当事人均应按合同约定全面履行义务。根据合同约定，被告有义务将诉争房屋内相关户口迁出，现被告未能将相关户口迁出，已经违约，应当承担违约责任。本案原告有权请求被告将诉争房屋内的户口迁出，但根据户口性质，户口的迁入迁出，并非法院民事案件的受理范围，法院不宜处理，原告应寻求相关部门另行解决。关于原告请求支付30日内的违约金2000元，具有合同依据，法院予以支持。对于超过30日后按日计算全部已付款万分之五的违约金约定，考虑到原告已经将诉争房屋出卖且已经过户给他人，因原告出卖之后是否仍具有损失，并不确定，故法院暂计算至原告将房屋过户给案外人之时，即2017年1月16日；对计算标准，约定标准过高，有违公序良俗原则，法院根据公平原则予以酌定；法院结合双方买卖合同约定、被告违约情况、原告损失的举证情况以及原告出卖诉争房屋合同约定，酌定被告应给付原告逾期违约金61165元。丁某与杨某在出卖房屋之时系夫妻关系，并签署了共有权人同意出售声明，且双方户口均在诉争房屋里，故二人应共同承担相应责任。

本案的争议焦点为：（1）关于户口的纠纷是否属于民事案件受案范围，原告的各项请求能否支持。（2）合同约定的违约金是否过高，在被告未出庭应诉的情况下，法院是否可以依职权降低违约金。

法理分析

（一）户口迁移不属于民事案件受案范围

1. 不属于民事案件的考量因素

（1）户口迁移由公安户籍部门专门负责

户口迁移涉及相关行政部门的审批制度，属于行政管理范畴。

（2）不具有强制执行性

一是，户口能否迁移，需要各种各样的身份材料及相关部门的证明材料，比如迁出户的申请、迁入户户主的同意、相关房产证明、村委会的证明等，这些材料是不可或缺的，因此在生效判决未能自动履行的情况下，法院强制执行不具有可行性。二是，就目前北京市抑或全国范围内讲，除针对刑满释放人员或者大中专院校迁出学生的户口打回原籍的情况外，其他情况并没有设置专门的户口接收，故法院在强制执行过程中要求公安户籍部门设置专门户口接收，也不具有可操作性。

综上，户口迁移的请求，目前法院无法支持，原告单独提起民事诉讼要求迁出户口的，一般不予立案，已经受理的，法院应驳回起诉。

2. 法律依据

关于户口迁移问题的法律依据，目前并没有明确的法律法规及司法解释。多数散见于部分法院的指导意见等。

《上海市高级人民法院关于审理“二手房”买卖案件若干问题的解答》（2005 年 12 月 16 日）关于二手房买卖中，当事人因户口问题发生争执，法院是否处理作出解答：“对于‘二手房’买卖中，当事人约定出卖人迁出户口，并由买受人迁入户口，但嗣后因出卖人拒不迁出户口而引发纠纷的，我们已在 2003 年第 3 期《民事法律适用问答》中，对此问题作了明确，但实践中仍有不同理解。经研究，我们认为，当事人虽在买卖合同中就户口迁移事宜作出了约定，但户口迁移涉及相关行政部门的审批制度，属于行政管理范畴，不属于民事案件的受理范围。经释明后，当事人仍坚持主张迁移户口的，应裁定不予受理或驳回起诉。”

《北京市第一中级人民法院辖区法院民事审判部分问题的规范性意见》对户口迁移问题作出的基本意见为：房屋买卖合同纠纷中，当事人起诉要求办理户口迁移的，法院暂不支持。

（二）关于户口迁移违约金的请求可以立案受理

虽然户口迁移的请求涉及行政管理范畴且不具有强制执行性，法院不予处理，但是针对当事人就未能如期迁移户口需要承担违约责任、支付违约金引发的纠纷，法院应当予以处理。户口迁移是买卖双方当事人针对某一项合同内容的履行作出的约定，属于平等民事主体之间针对特定民事法律行为作出的真实意思表示，因此产生纠纷的，符合民事案件的范畴，法院应当予以处理。

（三）户口迁移违约的判断

是否违约应当综合“相关户口”“自身原因”两个因素进行认定。

“相关户口”系以未迁移户口与诉争房屋的客观联系为判断依据，着重从客观角度判定违约责任。针对“相关户口”，一般应当认定买卖房屋时该房屋内的所有在户人口，包括出卖人的直系亲属及其他近亲属，也包括因出卖人原因或者因出卖人的出卖人原因迁入的户口。实践中存在，出卖人依照约定把自己的户口或者自己的近亲属的户口迁出，但是并未将其他户口迁出，比如出卖人出卖房屋后与其配偶离婚，配偶拒不配合迁出户口，但其配偶并非合同当事人，此种情况下一般应认定出卖人并未完全履行合同义务，构成违约。出卖人在出售房屋时是否明知有“相关户口”未迁出亦应作为法院考量的一个因素，如果出卖人有证据证明其无法知道该房屋内存在其他户口的，则需要结合买卖合同签订时中介的因素及双方的调查等来确定，但是一般情况下，根据物权所有人对物的控制以及户口的查询便宜程度，结合经济效益原则，出卖人仍应负担相应的违约责任，但是在违约金多少的确定中，可以作为一个考量的因素。

关于“自身原因”，系以房屋出卖人本人主观意愿或其对未迁移户口可控制因素为判断依据，着重从主观角度判断违约责任。如果出卖人具有迁出户口的条件或者迁出户口成本较小，出卖人明确拒绝或者消极恶意拖延办理的，其明显违约，且对违约的产生具有较大的责任；如果因出卖人与待迁移户口之间并非同一家庭人员，不具有一体的利害关系，其迁移户口的难度较大且成本支出较大，且对户口迁移不具有可掌控性，虽然依然构成违约，但主观上违法性较小，对违约的产生具有较小的责任，在确定违约金多少时亦可以作为考量的因素。

（四）户口迁移违约金的判断

实践中，对违约金的约定，有明确约定一次性违约金的，有约定违约金的计算方式的，有二者结合使用的。

1. 法条依据

《民法典》第五百八十五条规定：“当事人可以约定一方违约时应当根据违约情况向对方支付一定数额的违约金，也可以约定因违约产生的损失赔偿额的计算方法。约定的违约金低于造成的损失的，人民法院或者仲裁机构可以根据当事人的请求予以增加；约定的违约金过分高于造成的损失的，人民法院或者仲裁机构可以根据当事人的请求予以适当减少。当事人就迟延履行约定违约金的，违约方支付违约金后，还应当履行债务。”

《民法典》施行之前的依据为《合同法》第一百一十四条（现已失效），“当事人可以约定一方违约时应当根据违约情况向对方支付一定数额的违约金，也可以约定因违约产生的损失赔偿额的计算方法。约定的违约金低于造成的损失的，当事人可以请求人民法院或者仲裁机构予以增加；约定的违约金过分高于造成的损失的，当事人可以请求人民法院或者仲裁机构予以适当减少。当事人就迟延履行约定违约金的，违约方支付违约金后，还应当履行债务”。

《最高人民法院关于适用〈中华人民共和国合同法〉若干问题的解释（二）》（现已失效）第二十七条规定：“当事人通过反诉或者抗辩的方式，请求人民法院依照合同法第一百一十四条第二款的规定调整违约金的，人民法院应予支持。”

第二十八条规定：“当事人依照合同法第一百一十四条第二款的规定，请求人民法院增加违约金的，增加后的违约金数额以不超过实际损失额为限。增加违约金以后，当事人又请求对方赔偿损失的，人民法院不予支持。”

第二十九条规定：“当事人主张约定的违约金过高请求予以适当减少的，

人民法院应当以实际损失为基础，兼顾合同的履行情况、当事人的过错程度以及预期利益等综合因素，根据公平原则和诚实信用原则予以衡量，并作出裁决。当事人约定的违约金超过造成损失的百分之三十的，一般可以认定为合同法第一百一十四条第二款规定的‘过分高于造成的损失’。”

2. 户口未迁移带来的损失的确定

司法实践中，关于户口未能按期迁移造成的损害，买受人的举证证明责任比较大，且一般不易找到充足证据支持。

正常情况下，一个单元房屋内，可以最多允许两个户口的存在，即如果仅有出卖人户口需要迁出的情况下，并不影响买受人户口迁入，在买受人自住，且无其他情况存在时，买受人的损失应认定较小。对因为已经存在两个户口，买受人的户口无法迁入的情况，买受人因此遭受的损失亦应结合其他的可货币化的情况来确定，比如户口无法迁入导致孩子无法上房屋周围的学校的，虽然该损失无法具体确定，但是损失应当认定为较大。实践中，也存在损失确定的情况，就是买受人又将房屋出卖，新的买受人因为户口的问题起诉至法院，法院有明确判决的，该判决中买受人的给付义务是确定、具体的，该义务指向的金额完全可以确定为买受人的损失。

在出卖人的户口存在对买受人并无具体影响，仅是买受人心理上觉得别扭的情况下，损失更难以确定。

3. 违约金的掌握

实践中，本文案例中的约定较为常见，即一定期限范围内约定较少的一次性违约金，之后以房款为本金按一定比例，按日计算违约金的多少。对于较小的一次性违约金，一般均予以支持。对按日计算的违约金部分，一般合同约定的日万分之五标准较高，实践中，对违约金减少的惯例及做法不一，多数情况下，需要法官根据违约时间，兼顾公平原则、诚实信用原则及公序良俗原则，行使法官的自由裁量权，进行酌定。案例中，因为被告并未到庭应诉，如果根据原告的请求确定违约金的话，该违约金数额已经超过了房款，考虑到公平原则，如果全部支持的话有违诚实信用及公序良俗，故法院依职权予以减少。

（五）北京市新户口政策下的救济途径

根据2021年6月1日起执行的《北京市公安局关于印发户籍派出所设立公共户工作规定（试行）的通知》，相关权利人针对“因房屋交易所有权变更或者公有住房承租权变更，现房屋权利人申请将原户内人员迁出的，原户内人员无正当理由拒不迁出的”情况，可以向北京市公安局户籍管理部门申请将相应滞留户口人员迁至“公共户”。

对于是否可以通过法院民事判决的形式，判决房屋买卖合同的出卖人强制迁出相应户口至“公共户”，目前尚无相关司法实践及指导意见。该救济途径仍属于行政管理范畴，如果对公安局户籍管理部门受理情况不服的，可以依法申请行政复议或者提起行政诉讼。

知识拓展

（一）我国现有户籍管理制度概述及法律渊源

现代户籍管理制度的本质是一项基本的国家行政制度，是国家法定的收集、确认、登记公民出生、死亡、亲属关系、婚姻状况、法定住址等人口基本信息的法律登记制度，以保障公民在社会活动中的权益。我国实行以个人为本位的人口管理方式，其登记方式遵循户随人走的原则。

我国现有的户籍管理制度是在1958年出台《户口登记条例》的基础上设置的，公民迁出本户口管辖区，需申报迁出登记，尤其对公民由农村迁往城市及由户口管辖区迁往边防地区进行严格限制。

1977年的《公安部关于处理户口迁移的规定》中明确“户口迁移，关系到社会主义建设和人民群众的切身利益，涉及面广，政策性强”。

改革开放后，由于计划生育工作的强制推行，户籍制度的改革又一次提上了议事日程。

1985年9月，全国人大常务委员会颁布《居民身份证条例》，人口不分城乡均发身份证验证身份，方便人口流动自由择业打工找活干。这是一项意义重大的改革，标示着身份管理的新方向是流动。

1992年5月4日，公安部发布了《关于坚决制止公开出卖非农业户口的错误做法的紧急通知》，制止倒卖户口的行为。

2011年2月26日，国务院办公厅发布《关于积极稳妥推进户籍管理制度改革的通知》指出，户籍管理制度是一项基础性社会管理制度，公安部要会同有关部门进一步加强对各地落实国家有关户籍管理制度改革的政策措施进行指导和监督。该通知还明确，继续合理控制直辖市、副省级市和其他大城市人口规模，进一步完善并落实好现行城市落户政策。

2015年，为切实做好无户口人员登记户口工作，实现户口和公民身份证号码准确性、唯一性、权威性的目标，国务院办公厅作出《关于解决无户口人员登记户口问题的意见》，各省市根据该意见进行了落实。

（二）户籍管理制度现行体制存在的问题

一是归属问题。户口管理这种前置性的普遍服务工作，目前由以专政职能为主的公安机关负责，从而确定了现行户口管理主体的复杂身份和矛盾性格。公安机关是通过对不当社会行为的处置来服务社会的，公安工作位于大多数社会管理行为之后，以打击违法犯罪、保障社会公共安全为主要任务。

二是分散零乱问题。首先是业务分散，确认婚姻状况的婚姻登记由民政机关负责，但户口登记中的婚姻状况又是重要内容，大多数公民登记结婚后不知或不愿再到公安机关申报婚姻状况的变更，为什么不把确认和记载合归一处呢？房屋权利登记工作则由规划与自然资源委员会负责。其次是权力分散，例如，户口迁移是公安户口管理的一项业务，但城市的大部分迁移审批权力分散在其他部门，公安机关只能审批极少量的社会投靠性迁移。

三是城乡户口管理差别问题。近现代社会治安都以城市为重点，通常把户口管理作为治安业务，城市有庞大的专职户籍民警队伍，对居民情况了如指掌。在广大农村则不然，在人口众多的乡，户籍管理人员数量相对不足，无法充分保障此项工作的连续性。另外，农村建房审批流程贯彻执行不足，相比城市商品房建设的规范化，农村建房不够规范。因此，在户口迁移过程中，村委会出具的相关证明较易存在随意性。

（三）北京市内人口户口转移的操作流程及户口新政策

1. 一般要求提供的材料

（1）必须具有本市常住户口；（2）迁入人与户内成员亲属关系证明（如结婚证、独生子女证、出生证等）；（3）户主同意迁入及在此居住证明；农业人口迁入的，提供村委会同意接收证明；（4）新立户的，非农业人口提供北京市房屋产权证明或公有住房租赁合同原件及复印件；单位自管房提供单位出具的《住房分配通知单》及复印件；无房产证明的提供购房发票或银行贷款购房合同及房管、物业部门出具的居住证明及以上证明的复印件。

2. 对于二手房中原户口未迁出的情况

对因购买二手房、原户户口未迁出办理市内迁移登记的，户口所在地派出所要按照人户分离人员管理要求，对原户现驻地情况进行调查核实后，要注明“户在人不在”章并注明“房屋已卖”。

关于分户，一般平方需要有两间以上自然间，该情况在平房交易中会遇到；筒子楼的分户按平房分户办理；自建房等违章建筑不予分户。

3. 北京市户口政策的新动向——“公共户”

为推动户籍管理工作理念和机制创新，有效解决暂不具备市内迁移条件的本市户籍人员落户问题，2021 年 5 月 28 日，北京市公安局依据《户口登记条例》、《派出所办理常住户口登记工作规范（试行）》等法规政策，发布《北京市公安局关于印发户籍派出所设立公共户工作规定（试行）的通知》，该工作规定自 2021 年 6 月 1 日起执行。

具体规定如下：第一，“公共户”设立。全市每个户籍派出所原则上只设立一个非农业“公共户”，接收暂不具备市内迁移条件的本辖区非农业户口人员落户。第二，“公共户”落户条件。符合下列情形之一的我市户籍人员（不含学生户口、驻京办户口、博士后户口等限制市内户口迁移人员），可以在户籍所在地派出所申请“公共户”落户：（1）因房屋产权交易户口须迁出，但本人、配偶或其他直系亲属（其他直系亲属包含父母、子女、（外）祖父母、（外）孙子女。下同）在本市无合法产权住房，户口无法迁出的；（2）因离婚后户口须迁出，但本人、配偶或其他直系亲属在本市无合法产权住房，户口无法迁出的；（3）因离职户口须从原单位集体户迁出，现单位无集体户，且本人、配偶或其他直系亲属在本市无合法产权住房，户口无法迁出的；（4）因房屋交易所有权变更或者公有住房承租权变更，现房屋权利人申请将原户内人员迁出的，原户内人员无正当理由拒不迁出的；（5）新生儿亲生父母一方户口在本市“公共户”内，且新生儿无法在本市其他地址申报出生登记的，可在其亲生父母户口所在“公共户”内申报出生登记；（6）其他特殊原因在本市无法办理户口市内迁移的。

（四）上海市户口政策中“公共户”规定

2011年7月21日，上海市公安局发布《关于本市常住户口“公共户”设立与日常管理工作的通知》，其中对“公共户”落户条件作出了规定：“符合下列情形之一的，经批准后可以落户：（一）市内户口待定的；（二）落户困难的原本市户籍刑释解教的；（三）人民法院判决或房屋出售、房屋拆迁、婚姻变化、家庭矛盾等原因须将户口迁出，而在本市确无处落户的；（四）符合保障性租赁住房政策有关‘公共户’落户规定的；（五）因家庭矛盾、集体户所在单位不同意迁入等原因不能办理正常落户手续的；（六）其他特殊原因在本市确无处落户的。”该通知第三条规定了“公共户”入户申请需要的基本材料和相关证明：“1. 基本材料：（1）申请人（监护人）的入户申请书；（2）申请人的《居民身份证》；（3）申请人的《居民户口簿》；（4）申请人在本市确无他处落户的相关证明；（5）申请人实际居住地发生变化或已购置房屋后必须办理户口迁移的书面承诺。2. 相关证明：（1）市内户口待定的申请人须提供《户口迁移证》或《出生医学证明》等证明材料；（2）刑释解教的申请人须提供释放单位签发的《释放证明书》（副本）或劳动教养管理单位签发的《解除劳动教养证明书》（正本）或其他释放证明；（3）房屋出售、拆迁的申请人须提供房屋买卖合同、动迁协议等相关凭证；（4）法院判决户口迁出的申请人须提供生效的法院判决书、人民法院出具的《协助执行通知书》；（5）保障性住房租赁的申请人须提供保障性住房租赁合同或协议、房屋买卖合同、动迁协议等相关证明材料；（6）离婚的须提供离婚证明；（7）存在家庭矛盾的须提供相关情况证明（经社区民警审核签字）。”关于办理流程，规定：“在本市无实际居住地的市内户口待定、刑释解教等人员应当向原户口迁出地或注销地公安派出所提出申请；其他人员应当向实际居住地公安派出所提出申请。申请人向拟入户地公安派出所提出书面申请后，公安派出所应当根据《上海市公安局窗口服务告知单》要求，向申请人告知应提供的相关证明和材料。”

2013 年 10 月 31 日，上海市公安局发布《关于做好人才类“集体户”清理和“社区公共户”落户审批准备工作的通知》，对因在沪无配偶、无直系亲属、无住房或所在单位未设立集体户等原因，确无落户条件的上海市引进人才，可在其本人实际居住地“社区公共户”落户。

2018 年 3 月 8 日，上海市公安局发布《上海市常住户口管理规定》，该规定第三十二条明确规定，房屋所有权或者公有居住房屋承租权因交易已发生转移，现权利人或者承租人申请将房屋内原有户口迁出的，房屋所在地公安派出所应当通知原有户口人员迁出，对拒不迁出或者无法通知的，可以直接将其户口迁至社区公共户。

普法提示

随着经济的发展，人们购房的目的呈现多样性的发展趋势，除自住之外，还存在投资、子女上学、落户等情形，但无论哪种情形，房屋内是否存在户口问题都是购房时应该考虑的因素之一。投资购房的，户口也应当移出，否则影响二次出卖房屋；自住，暂时不需要户口迁入的，亦需查清房屋内户籍状况，尽量督促出卖人将户口迁出；自住，需要户口迁入的，应查清房屋内户籍状况，如果房屋内有两个户口的，根据目前的迁移户口流程，不能再立新户口，购房目的将不能达成，因此房屋内的户口必须迁出；不住，解决进京落户的，进京落户政策十分严格，各种手续烦琐，因此出卖房屋的户口必须迁出；自住，用于学区房上学的，各个地区的入学要求不同，部分地区不仅要求有学区内房屋的所有权，还要求是该房屋的户主，因此出卖房屋的户口必须迁出。实践中在房屋交易时需要做到以下几点：

（一）了解出卖人状况及房屋内户口状况，预估风险

第一，了解出卖人的基本状况，对将来的违约风险有一个初步的预估。如果出卖人有其他商品房的，一般比较容易办理户口的迁移；如果出卖人有农村房屋，需要转移户口至农村的，最好应了解拥有房屋的间数，并了解该村委会是否面临拆迁，依据惯例，拆迁地区的户口会采取临时冻结措施。

第二，了解出卖房屋内的户口状况，对将来的违约风险有一个初步的预估。了解房屋内户口是否均为其家庭成员、是否存在其他非近亲属的户口，一般存在其他亲属户口的，户口迁移的难度较大，具有一定的风险；了解是否存在已经死亡、尚未销户的情况，以及是否涉及离婚的情况，这些状况较为特殊，也有一定风险。

（二）明确约定户口迁移的合同义务

户口迁移问题属于行政管理范畴，不具有强制执行性，不属于民事案件的受理范围，但是我国户籍制度一直在改革和完善，政策性较强，且《户口登记条例》颁布较早，从 2011 年 7 月 21 日上海市公安局发布的《关于本市常住户口“公共户”设立与日常管理工作的通知》以及 2021 年 5 月 28 日北京市公安局发布的《关于印发户籍派出所设立公共户工作规定（试行）的通知》来看，不排除日后可以按民事纠纷受理的可能。因此，签订二手房买卖合同时，对于户口迁移问题必须在买卖合同中明确约定，至少含有如下内容：

一是必须明确约定出卖人负责将房屋内的所有登记户口迁出，且限定确定的时间；针对出卖人而言，尽量约定较长的期限，对逾期未能迁出并有客观理由的，再约定一个迁移户口的合理期间。

二是必须明确约定出卖人逾期未迁出的违约责任及违约金的计算方式，如有可能，约定好户口未迁出的损害赔偿计算方式，对违约金的约定尽量合理公平。

三是必须明确约定因出卖人逾期未迁出或拒不配合迁出，导致买受人因申请公安户籍部门迁出而带来的损失，应由出卖人承担。

四是必须明确约定因不可抗力或者买受人的原因造成不能按时迁移户口时可以免除违约责任。

案例五

网签改了价格，房款究竟几何

——相同当事人在同一房屋的买卖过程中签署多份合同且条款不一时的法律适用

吴奕晗[①]

案情回顾

（一）二手房交易，买卖合同签了两份

2016年，在北京工作的解军换了一份工作，薪水上调了不少；和恋人感情稳定，到了谈婚论嫁的时候；房子也选好了，是一位老人的房子，打算买下后重新装修，也是一个温暖的小家。他本觉得2016年很顺利，但就是因为这套房子产生了不少波折。

考虑到地理位置和承受能力，解军把看房地点选在了房山区。2016年12月1日，在佳辰房产经纪公司中介人员带看后，他与周华签订了《存量房屋买卖合同》（经纪成交版，以下简称自签合同）及《补充协议》。这份合同约定：周华将自己名下这套70多平方米的房屋出售给解军，房屋总价款75万元，解军采用银行按揭方式贷款付款，于合同签订之日支付定金7万元，于过户当日按资金监管要求交付首付款36万元（含已支付的定金7万元），解军拟申请贷款39万元，贷款部分的房款按照相关银行的规定支付。这份合同同时约定，解军与周华于购房资格审批通过、房产房源核验完成后5个工作日内办理贷款申请手续，于解军贷款审批通过后5个工作日内共同向房屋权属登记部门申请办理房屋权属转移登记手续。周华应当在收到全部房款后30日内将房屋交付给解军。双方在《补充协议》中就税费约定，由周华

① 北京市房山区人民法院民事审判三庭法官、副庭长。

多套房产生的税费由周华缴纳，其他税费均由解军负担。

合同签订后，解军于 2016 年 12 月 1 日给付周华定金 7 万元。2017 年 2 月 20 日，解军初步核验通过获得在京购房资格。2017 年 2 月 25 日，这套房屋通过了房源核验。在此期间，该房屋的地税指导价调整至 77 万元，解军与周华此前协商的成交价格低于地税指导价。2017 年 3 月 2 日，周华与解军办理了网上签约，签订了《存量房屋买卖合同》(网上签约版，以下简称网签合同)。这份合同中的房屋总价款变化为 77 万元，其中自有交易结算资金为 38 万元，解军应将房价款 38 万元存入存量房自有交易资金监管账户，解军向银行申办抵押贷款，贷款金额为 39 万元。同日，周华、解军另外签订《协议》一份，内容为：经双方协商一致，交易房屋实际成交价为 75 万元整，网签价格为 77 万元整，多出的 2 万元由解军先垫付在首付款里，实际成交价的首付款为 36 万元整，网签价自付款为 38 万元整，周华收到首付款后 5 日内再返还给解军 2 万元整。

此后，解军联系周华共同前往银行办理贷款手续，但周华主张自签合同被网签合同所取代，而网签合同的房款金额虚假，合同无法履行，拒绝继续配合解军办理贷款手续；解军表示愿意按照网签价格 77 万元给付购房款，周华未予同意，解军始终无法申请银行贷款。解军遂以房屋买卖合同案由将周华及佳辰房产经纪公司诉至法院。

（二）各执己见，纷争难解

解军向法院提出诉讼请求，要求周华继续履行双方于 2016 年 12 月签订的自签合同，并协助其将房屋办理过户。

周华在案件审理过程中也提出诉讼请求，要求撤销双方于 2017 年 3 月签订的网签合同及《协议》，解除于 2016 年 12 月签订的自签合同及《补充协议》。周华认为，双方的自签合同已经约定了房屋价款为 75 万元，而网签合同却变更为 77 万元，77 万元并非其本人的真实意思表示。故而 2017 年 3 月签署的网签合同及《协议》均系因解军欺诈而签订，解军擅自变更合同内容，没有经过周华同意，且具有非法目的，合同应予撤销。同时，解军曾经自行要求履行虚假价格的网签合同，属于以自己的行为明确表示拒绝履行自签合同及《补充协议》，构成根本违约，且原定的75万元价格无法通过税务审核，合同无法履行，自签合同及《补充协议》应予解除。

就此，解军表示，双方只是简单的买房卖房，其本人没有非法目的，签订网签合同及《协议》时均与周华进行过确认，且愿意按照77万元的总价一次性支付房款。第三人佳辰房产经纪公司发表意见，希望解军与周华继续履行合同。房款由原约定的75万元变为77万元系由于地税指导价调整，原房价难以办理网签及过户，因此解军与周华商定以77万元网签，而仍以75万元为实际成交价格。

至此，争议房屋的价款究竟是多少，解军是否能顺利买下这套房子？

法理分析

当事人之间就转让同一房屋先后分别签订数份买卖合同，合同中关于房屋价款、履行方式等约定存在不一致，当事人就此产生争议的，应当依据当事人真实意思表示的合同约定继续履行。

（一）自签合同及网签合同的效力

关于本案中自签合同的效力，依法成立的合同，对当事人具有法律约束力。当事人应当本着诚实信用的原则，按照约定履行自己的义务，不得擅自变更或者解除合同。解军与周华于2016年12月所签订的自签合同及《补充协议》约定房屋总价款为75万元，该合同系双方当事人真实意思表示，合法有效，双方均应依约履行。

关于本案中网签合同的效力，首先，在房屋交易过程中，网签系双方房屋买卖合同履行的一个必要环节，网签合同价款应当与双方实际成交价款一致。解军与周华签订的网签合同中房屋价款高出房屋实际成交价2万元，目的并非提高贷款数额或避税，系出于市场房价上涨，地税指导价提高，为顺利通过地税核税而为。同时，双方当事人于网签同日签订的《协议》明确约定涉案房屋的实际成交价仍为75万元。诉讼中，解军表示愿意依据该合同条款将房价提高2万元，周华不同意，因此，双方并未就房屋价款变更为77万元达成合意，涉案网签合同中约定的价款不是双方当事人的真实意思表示，故该网签合同中的价格条款约定无效。但是，价格条款无效，并不影响网签合同中其他条款的效力，亦不影响双方按照实际成交价继续履行双方之间的房屋买卖合同。

关于网签合同可否在这次民事诉讼中撤销，《合同法》第五十四条第一款和第二款（现已失效）规定："下列合同，当事人一方有权请求人民法院或者仲裁机构变更或者撤销：（一）因重大误解订立的；（二）在订立合同时显失公平的。一方以欺诈、胁迫的手段或者乘人之危，使对方在违背真实意思的情况下订立的合同，受损害方有权请求人民法院或者仲裁机构变更或者撤销。"本案中，周华是具有完全民事行为能力的成年人，从其网签同日签订的《协议》内容来看，其明确知晓双方网签合同中的价款与实际成交价款不一致，并通过签订该协议予以更正，确定涉案房屋的实际成交价仍为75万元，不存在受欺诈的情形，亦不符合上述法律规定的合同可撤销的情形。因此，周华主张撤销双方于2017年3月签订的网签合同及《协议》，缺乏事实与法律依据。并且，关于网签合同价款与实际成交价款不一致的问题，买卖双方可通过注销、变更网签的方式予以更正。

（二）买卖合同继续履行的可能性及房屋总价的确定

周华与解军于自签合同中约定，"如遇国家政策调整导致此房产不能继续出售或购买方不能购买，则此买卖合同自动解除，双方互不算违约"，周华据此主张自签合同及《补充协议》已具备解除的条件，应予解除。但双方在签订网签合同时提高价格只是为避免被税务机关怀疑恶意偷逃税，不影响双方按照实际成交价继续进行双方之间的房屋交易，并不属于国家政策调整导致合同不能履行的情形。现涉案房屋已通过房源核验；解军具备在京购房资格且已向周华支付定金，亦愿变更付款方式为一次性付款，且有能力一次性支付剩余全部房款。综合考虑双方合同履行情况及现有证据，合同继续履行不存在现实困难，为维护合同稳定性及市场交易秩序，合同继续履行为宜。关于购房款的数额，虽然解军作为义务方，愿意将购房款提高至77万元，且不损害公共利益，但权利人坚持不认可，综合考量双方就本案中房屋实际成交价的约定，法院尊重双方当事人合同约定及权利人意愿，认定解军应按总房款75万元支付尚未付清款项。

知识拓展

存量房交易中常常存在“阴阳合同”，或称“黑白合同”，即交易当事人因各种目的而签订两份内容不同的合同，其中内容的差异之处多为房屋价款。“阳合同”多为网签合同（即提交网签备案的《存量房买卖合同》），相关机构持有留存；根据使用需要有所不同，或者是为申请更多的银行按揭贷款而高于房屋实际成交价格签订；或者是为减少税费而低于实际成交价格签订；合同中的价格为“网签价”。“阴合同”则由买卖双方及居间机构持有并实际执行，显示的是买卖双方真实的成交价格。存量房交易过程中产生的诸合同，需要根据法律规定和交易习惯，区分不同合同关系的法律性质，分别作出具体的解释和处理。[①]

（一）存量房买卖网签制度

存量房买卖网签，即用房屋行政主管部门设立的交易信息系统线上记载存量房买卖主体、标的物、价款等信息，在线下生成与上述信息一致的、交由当事人双方签字或盖章的买卖合同，并将上述信息记载于房屋行政主管部门掌控的楼盘表及房产交易档案中。大体而言，网签包括三个环节：一是线上记载买卖信息的网上签约，二是当事人在线下签署买卖合同，三是房屋行

① 参见张正印、冯茜：《网签制度下存量房买卖合同效力的认定》，载《邵阳学院学报（社会科学版）》2019年第2期。

政主管部门在特定载体上显现和保存签约信息的网上备案。[①]

为加强房地产市场监管，防范房地产交易市场风险，2010 年 1 月，国务院办公厅发布《关于促进房地产市场平稳健康发展的通知》(国办发〔2010〕4 号)，明确提出“进一步建立健全新建商品房、存量房交易合同网上备案制度，加大交易资金监管力度”的要求。北京等地于 2008 年左右开展存量房买卖网签。北京市建设委员会《关于全面推行存量房买卖合同网上签约有关问题的通知》(京建交〔2008〕628 号)规定，已取得房屋所有权证的存量房进行买卖的，当事人在申请转移登记前均需进行存量房买卖合同网上签约，买卖双方在网签形成的合同文本上签字或盖章后合同依法生效。《广州市房屋交易监督管理办法》第八条第一款规定，存量房买卖合同应当通过房屋交易信息化平台订立。在存量房买卖施行网签的地区，网签是一种强制性的制度安排，只要当事人通过市场交易行为，而非参与法院拍卖来买卖存量房，就必须办理网签，且在网签正常存续至房屋所有权转移登记期间，同一房屋不能再成为网签买卖的标的物。[②]网签同时规定有注销制度，当事人双方合意解除房屋买卖合同时，应注意及时注销网签。

(二) 网签合同及交易双方自行签订的房屋买卖合同的效力

第一，房屋买卖合同效力认定应根据一般买卖合同的生效要件进行，即签订合同的当事人双方具有相应的民事行为能力，双方的意思表示真实且合同内容不违反法律的强制性规定，则合同应认定为有效。另外，认定该合同有效，并对当事人产生法律约束力，避免一方当事人以存在两份或多份内容冲突的合同为由恶意违约，有利于维护交易的稳定安全。

《民法总则》第一百四十六条(现为《民法典》第一百四十六条)规定，行为人与相对人以虚假的意思表示实施的民事法律行为无效。以虚假的意思表示隐藏的民事法律行为的效力，依照有关法律规定处理。《合同法》第

---

① 参见常鹏翱:《存量房买卖网签的法律效力》，载《当代法学》2017 年第 1 期。

② 参见常鹏翱:《存量房买卖网签的法律效力》，载《当代法学》2017 年第 1 期。

五十二条（现已失效）规定："有下列情形之一的，合同无效：（一）一方以欺诈、胁迫的手段订立合同，损害国家利益；（二）恶意串通，损害国家、集体或者第三人利益；（三）以合法形式掩盖非法目的；（四）损害社会公共利益；（五）违反法律、行政法规的强制性规定。"第五十六条规定，无效的合同或者被撤销的合同自始没有法律约束力。合同部分无效，不影响其他部分效力的，其他部分仍然有效。网签合同中，为规避国家税收监管，故意隐瞒真实的交易价格的，并非当事人的真实意思表示，且损害了国家的税收利益或他人权益，该价格条款无效；但诸如交房时间、违约责任、纠纷解决等条款不因价格条款无效而无效，在系当事人真实意思表示，且并没有违反法律强制性规定的情况下，其他条款应为有效。

第二，关于同一房屋多份买卖合同条款冲突时的认定问题，房屋交易双方投入最多关注，也是多份合同中最常出现不一致条款的，是房屋的总价款。正如同关于条款效力判定需探寻买卖双方的真实意思表示，房屋价格依有效条款确定，多份合同价格条款均有效，则以尊重当事人合意为判定依据。同理，在其他条款相冲突时，合同条款的具体内容、合同签订时间顺序、合同实际履行情况、交易习惯等方面均可反映出当事人的真实意向，进而认定其他条款的效力。鉴于网签合同需经过提交资料、询问、书面签署等环节，"网签系统的中立性、网签程序的严格性和网签结果的确定性，大幅增强了网签信息的可靠性，使其证明力远胜于受控于当事人的非网签合同"。[①] 在没有相反证据的情况下，网签合同的内容更易被认定为买卖双方的真实合意。

（三）网签价与真实成交价不一时的法律风险

从网签合同中网签价异于真实成交价的原因出发，如系为申请更多的银行按揭贷款而抬高网签价，则存在构成骗取贷款罪的法律风险，银行发现异常贷款行为的，可能会要求返还贷款并影响个人征信。如系为减少税负，则

---

① 参见常鹏翱：《存量房买卖网签的法律效力》，载《当代法学》2017 年第 1 期。

存在构成逃税罪的法律风险，如税务机关发现逃税行为，纳税义务人会被追缴税款并支付罚金；在买受人再次卖出房屋时，可能面临因再次卖出价和买入价之间的较大差额而承担高额的个人所得税。对于当事人在房屋买卖中确实存在规避税收征管、骗取贷款等行为的，必要时司法机关在审理案件中可一并建议相关行政主管部门予以处理。

交易进行过程中极易产生民事纠纷，造成经济利益损失。由于交易双方就同一房屋先后签订了内容不一致的合同，在房屋交易市场瞬息万变的客观行情下，房屋价格的涨跌常见且幅度较大，一方当事人认为解除合同更加有利时，便可能以存在阴阳合同违反法律规定为由拒绝履行买卖合同，导致交易无法继续推进。相当一部分阴阳合同中，房屋实际成交价与网签价相差巨大，出于利益的驱使，也可能会有当事人持有利于自己的合同并要求按其条款主张权利，导致出卖方抬高房款或购买方压低房款。

如居间方房地产经纪公司参与了阴阳合同的签订，买卖双方有可能认为纠纷及损失的产生原因主要在于居间方的工作失误，因此拒交少交中介费用，居间方也面临被行业管理机构或政府部门处罚的风险。

普法提示

房产是家庭资产的重要组成部分，所关涉的经济利益巨大，当事人出于对财产权益的保护，寻求利益的最大化，这无可厚非。无论是减少税费负担或者增加贷款额度，避免合法利益的受损确实是签订合同条款时考虑的因素之一。相同当事人针对同一房屋所签订的不同的网签合同与自签合同，内容如有冲突，买卖双方可能会基于利益，依据对自己有利的合同来主张权利，对于双方真实约定的内容作出不同阐述；如无法通过协商就继续履行合同达成一致意见，则房屋交易难以顺利进行，甚至需要寻求司法介入。

司法实践中，同一房产出现两份甚至多份内容相似的合同，易使司法机关在对真实合同的认定上出现疑难。法院多会依据“当事人真实的意思表示”认定合同争议条款的适用，买卖双方间的自签合同，具备了拟购房屋的基本状况、价款数额、价款支付方式等合同主要内容的购房意向书等协议，其效力均可能得到认可。网签合同如与当事人真实意思表示有异，可能被认定价款条款无效或全部无效。如网签合同部分无效，法院多会结合“当事人真实的意思表示”、交易惯例、市场交易情况进行裁量认定。

利益的追求应当建立在合法的基础之上，冒险签订不同的“阴阳合同”，极易被违约一方利用，作为解除合同的理由，且有可能受到法律惩处，看似有利可图，实则潜藏着可能损害自身利益的巨大风险，恐怕得不偿失。因此，建议房屋交易双方在签订合同时，审慎权衡，细心核对合同条款，避免网签合同与自行签订的房屋买卖合同不一致的情况出现。同时，提高证据意识，为发生纠纷后的司法裁判提供更多事实判断的依据。如双方合意解除买卖合同，应及时申请注销网签。

案例六

房屋买卖合同纠纷中违约金问题解析

——解析《民法典》第五百八十五条[①]

张冰[②]

案情回顾

2016年下半年和2017年都是我国房地产市场交易的火热之年，我国房屋价格也一直呈现上涨态势。北京、上海等特大城市豪华地段的一套房子，价格可能在几个月之内就上涨百万元。面对巨大的经济诱惑，很多卖方甚至不惜承担巨额违约金来将房屋卖给出价更高的买受人，或者为了尽早收益而将房屋卖给能够一次性支付房款的买受人，使得原本按照程序履行合同的买方错失了买房的最佳时机。因此也产生了很多房屋买卖合同纠纷案件。下文的案例就是卖方因为“一房二卖”导致根本违约，承担违约责任的情形。

2016年9月，张强与刘斌通过中介公司签订了房屋买卖合同，约定由刘斌以200万元的价格购买张强名下位于北京市的一套房屋。合同签订后，刘斌支付了2万元定金，并由中介公司暂时保管。但是，张强却以没有收到定金而且房屋有其他共有权人为由拖延合同的履行。中介公司从中进行了调解，但是一直没有达成一致意见。刘斌于2017年1月向张强发出了《律师函》，要求张强配合中介公司进行房屋核验，否则解除合同并追究张强的违约责任。张强本人签收了刘斌邮寄的《律师函》，但并未配合中介公司的工作。于是，刘斌将张强起诉到法院，要求解除双方签订的房屋买卖合同，并

① 《合同法》第一百一十四条与《民法典》第五百八十五条内容基本相似，均规定了违约责任中支付违约金的法律依据。故本案虽然为《民法典》生效前案例，但其所遵循的法理及审判思路对于《民法典》实施后的相关法律问题仍然具有典型意义。

② 北京市房山区人民法院行政审判庭（环境保护审判庭）法官助理。

要求张强返还购房定金，赔偿违约金及其他经济损失。

原告刘斌认为，双方所签订的房屋买卖合同是合法有效的，双方均应该严格遵守，被告张强在收取原告购房定金后却拒绝履行合同义务，应属严重违约，故请求法院判令解除合同，要求被告返还购房定金并支付违约金；而且由于房价现在正持续快速上涨，因为被告的违约导致原告购房延迟，使得原告购房成本大大增加，故应赔偿相应的经济损失。被告张强认为，房屋是他与妻子在婚姻存续期间购买，现在妻子已经去世，房屋应该属于他和子女的共同财产，同时因为没有实际收到购房定金，所以原告已经违约，而且房屋成交后价值上涨与被告没有任何关系，故不同意原告的诉讼请求。

法院在审理过程中发现，原来张强早在 2016 年 10 月就将上述房屋以 200 万元的价格卖给了案外人，并办理了房屋过户手续。对此，刘斌和中介公司并不知情，刘斌也因此错失了购买其他房屋的好机会。案件审理过程中，经评估公司评估，房屋的市场价值为 381 万元。于是，刘斌申请将违约金的数额由 40 万元调整为 181 万元，以弥补因张强违约而给其造成的损失。

法院经审理认为，张强与刘斌签订的房屋买卖合同合法有效，张强没有按照约定履行合同义务，同时将房屋擅自出售给他人，已经构成根本违约，根据合同约定，张强应当赔偿违约金，并由中介公司将购房定金返还。对于违约金的数额，因为房屋的市场价值为 381 万元，远高于合同中约定的 200 万元，所以 40 万元的违约金无法弥补刘斌的实际损失。但是刘斌仅支付了 2 万元定金，不会因此限制刘斌的经济能力导致其无法购买其他房屋。因此，结合合同中约定涉案房屋的购买价格、评估的市场价值、刘斌已付房款、张强的违约情形等，法院判决张强应赔偿刘斌违约金 108 万元。

判决书送达双方后，张强提起上诉，二审法院认为，涉案房屋的价值远高于房屋买卖合同中约定的房屋价款，双方约定的违约金不足以弥补守约方遭受的损失，因此刘斌可以请求法院予以增加。二审法院认为一审法院对于违约金调整的判断符合实际情况，维持了一审判决结果。

通过上述案例，我们已经对房屋买卖合同纠纷违约责任的承担方式有了初步了解。那么，在什么情况下违约金需要进行调整？如何把握调整的尺度？违约金数额与赔偿损失之间存在什么关系？当存在多种违约行为时如何计算违约金呢？

法理分析

（一）违约金的类型和计算方式

《民法典》第五百八十五条第一款规定："当事人可以约定一方违约时应当根据违约情况向对方支付一定数额的违约金，也可以约定因违约产生的损失赔偿额的计算方法。"违约金，是指由当事人在订立合同时预先确定的，在约定的违约情况出现时，由违约方向守约方支付的独立于履行行为的财产。违约金的功能主要是防止违约行为的发生，保证合同的顺利进行，补偿守约方的损失。此外，违约金也可以作为惩罚的方式，对于督促合同双方当事人顺利履约具有震慑作用。

本案中，双方当事人在合同中约定了三种违约金。第一种是逾期履行违约金，例如合同文本中约定若出卖人违约"导致交易不能进行的，逾期在 15 天之内的，每逾期一天，出卖人应按总房价款的万分之五向买受人支付违约金（自继续履行合同之日起 3 日内支付），合同继续履行"。第二种是解约违约金，例如合同文本中约定若出卖人违约"逾期超过 15 天的，买受人有权单方解除本合同，出卖人应按总房价款的 10% 向买受人支付违约金"。第三种既是解约违约金又是惩罚性违约金，例如合同文本中约定出卖人"一房二卖"的，"承担总房价款的 20% 的违约金"。

对于违约金的计算方式，通常有以下两种：第一，直接约定给付违约金的数额，包括约定按照一定合同价款的比例支付违约金；第二，约定根据违约产生的损失计算赔偿数额。本案中，当事人在房屋买卖合同中约定，"出卖人未经买受人及居间方同意将该房屋出卖给第三方的，导致合同不能继续履行，买受人有权退房，出卖人……承担总房价款的20%的违约金”，属于第一种计算方式。这种计算方式的优点是简洁明了，而且有预见性，但却没有衡量守约方的损失，可能会导致违约金过高或过低的情形，容易造成不公平的结果。

（二）违约金“过高”或“过低”的调整

《民法典》第五百八十五条第二款规定：“约定的违约金低于造成的损失的，人民法院或者仲裁机构可以根据当事人的请求予以增加；约定的违约金过分高于造成的损失的，人民法院或者仲裁机构可以根据当事人的请求予以适当减少。”虽然当事人在合同中对违约金的数额或计算方式都进行了约定，但是因为订立合同时对实际违约后产生的损失预估难免会有偏差，就会产生损失与违约金相去甚远的情形，这时候就需要当事人请求司法机关对违约金进行相应的调整。《民法典》第五百八十五条第二款确定了违约金司法调整的两个基本原则：一是违约金不应低于因违约造成的损失，二是违约金不应过分高于因违约造成的损失。这体现了违约金规则注重对损失的填平功能，同时兼具惩罚性效果。

这两条原则所围绕的重要参考指标就是实际损失数额。在房屋买卖合同纠纷中，买方最常见的违约行为是迟延支付房款或拒绝支付房款、没有相应的购房资格，卖方的损失是房款及利息损失。卖方常见的违约行为是不配合办理房屋核验手续、迟延办理房产证、迟延交房、无权处分、“一房二卖”等。如果买方因为卖方的违约行为无法取得房屋，则其所遭受的损失既包括已经实际造成的损失，也包括履行合同后本来可以获得的利益损失，后者称为预期利益损失。在司法实践中，实际损失的数额往往是比较容易确定的，而预期利益损失则比较难以确定。在房屋买卖合同纠纷中，往往通过对争议房屋进行市场价值评估，将评估价格与房屋买卖合同中约定价格的差价作为确定预期利益损失的重要指标，同时参考守约方履行合同的情况、违约方的违约情形以及合同中约定的违约金数额来综合判定。

损失确定之后，就需要明确司法机关是如何根据损失的大小对违约金进行调整的。低于损失的情况比较容易判断，通过衡量损失数额与违约金的约定就可以进行相应的调整。然而，到底违约金约定为多少才算是高于损失呢？虽然《民法典》并没有对此进行规定，但是可以参考《最高人民法院关于适用〈中华人民共和国合同法〉若干问题的解释（二）》（以下简称《合同法解释（二）》，现已失效）第二十九条①的规定。该条确定了判断违约金高于损失的三条标准：一是考量因素，包括实际损失、合同履行情况、当事人过错程度以及预期利益等；二是衡量原则，即公平原则和诚实信用原则；三是衡量比例，以是否高于损失的30%为界限，若违约金的数额超过损失的30%则判定为过分高于损失。

知识拓展

房屋买卖合同纠纷中违约金的数额关系着市场交易的稳定性、守约方能否得到相应的补偿以及违约方能否受到相应的惩罚。在司法实践中，违约金的调整有时候并不总能达到相应的效果，在违约金过低的时候，当事人也并不都是通过申请法院增加违约金的数额来达到补偿的目的的，而是通过要求赔偿其他经济损失来得到补偿。本案中，原告也是通过主张预期利益损失来解决房屋涨价而导致的重新购房困难。此外，当存在多种违约行为时，如何把握违约金的计算尺度，这些都是需要探讨的问题。

（一）违约金与预期利益损失的区别和联系

在实践中，经常会出现“一房二卖”的情形，这也是房屋买卖合同纠纷中常见的违约行为。“一房二卖”多发生在房价上涨的背景下，卖方不惜

---

① 《最高人民法院关于适用〈中华人民共和国合同法〉若干问题的解释（二）》第二十九条规定，当事人主张约定的违约金过高请求予以适当减少的，人民法院应当以实际损失为基础，兼顾合同的履行情况、当事人的过错程度以及预期利益等综合因素，根据公平原则和诚实信用原则予以衡量，并作出裁决。当事人约定的违约金超过造成损失的百分之三十的，一般可以认定为合同法第一百一十四条第二款规定的“过分高于造成的损失”。

赔偿巨额违约金来达到赚取更多房屋差价款的目的。买方在无法取得房屋的情况下需要另行购买房屋，而房价的上涨使得买方无法用相同的价格再购买相同类型的房屋，这时，违约金的数额已经远远无法弥补买方的损失，需要采取更多的措施来对买方的损失进行补偿。预期利益损失制度就是为了更好地保护守约方的利益而产生的。除了“一房二卖”，遇到卖方拒不履行合同、房屋存在严重瑕疵、侵犯承租人的优先购买权、无权处分导致合同解除等情形，买方也可以主张预期利益损失。

预期利益损失是指一方当事人违反合同约定导致合同不能全面履行，而造成守约方无法实现履行合同所预期的利益。根据《民法典》第五百八十四条[①]的规定，预期利益损失的赔偿需要满足以下条件：第一，损失的发生与违约行为之间要存在因果关系，不存在任何因果关系的损失是无法得到赔偿的；第二，预期利益损失要能够被预见到，在订立合同时无法预见到或不应预见到的损失也无法得到赔偿；第三，损失不能被任意扩大，虽然守约方因为违约行为遭受到损失，但是守约方也有责任防止损失的扩大。与违约金不同，预期利益损失在合同签订时通常是不确定的，但是也可以通过在合同中约定损失的计算方式进行确定。

那么，房屋买卖合同纠纷中的预期利益损失如何确定呢？对于预期利益损失的认定，通常情况下以房屋的增值部分作为预期利益损失，由违约方补偿给守约方。同时，守约方也有责任控制损失的继续扩大，在违约方出现根本违约情形时应当积极履行合同解除权，如果任由损失扩大，那么守约方就无法得到扩大部分的赔偿。具体到“一房二卖”的情形中，买方的预期利益损失主要就是指房屋差价损失。目前，关于房屋差价损失有两种计算方法。一种是收益法，就是卖方出卖房屋的价格与合同价格之间的差价。另一种是

---

① 《民法典》第五百八十四条规定，当事人一方不履行合同义务或者履行合同义务不符合约定，造成对方损失的，损失赔偿额应当相当于因违约所造成的损失，包括合同履行后可以获得的利益；但是，不得超过违约一方订立合同时预见到或者应当预见到的因违约可能造成的损失。

填平法，就是房屋市场价值评估价与合同价格之间的差价。[①] 两种计算方法都有其优势，第一种收益法比较容易确定，而且不需要启动评估程序，节约诉讼成本。不过，在司法实践中通常采用的是第二种填平法，因为填平法不受卖方合同的影响，通过对房屋的市场价值评估能够得到更加公平的结果。

预期利益损失与违约金既有区别又有联系。第一，预期利益损失是因为违约方的违约行为而造成的实际损失，若违约方没有造成损失，则守约方无法主张预期利益损失，只能主张适用违约金条款。第二，预期利益损失不能请求法院进行调整，而只能根据实际情况进行计算。第三，预期利益损失是对违约金“过高”或“过低”进行调整的参考指标之一，当违约金的数额无法弥补实际损失时，守约方可以根据预期利益的数额请求法院增加违约金。第四，违约金与预期利益损失不能同时主张，只能由守约方请求法院根据实际损失数额对违约金进行调整。

（二）存在多种违约行为时违约金的计算

房屋买卖过程中买卖双方均需按照约定履行各自相应的义务，任何一方履行不符合约定都可能造成违约。因此，在房屋买卖合同纠纷中，可能不只存在一种违约行为。下面这个案例就是因为买方迟延支付房款、迟延过户而导致多种违约行为并存。

2016 年 11 月 26 日，张晓月与郭清通过中介公司签订了房屋买卖合同，约定由郭清以 318 万元的价格购买张晓月位于北京市的一套房屋。2017 年 2 月 20 日，双方进行了网签，并办理了房屋贷款。2017 年 3 月 7 日，郭清将 98 万元首付款存入资金监管账户。两天后，郭清向张晓月支付了首付款 10 万元，并于当天办理了房屋过户手续。2017 年 7 月 19 日，张晓月收到了银行发放的贷款 180 万元。至此，双方的合同履行完毕。

表面上看双方履行合同还是比较顺利的，并没有产生什么纠纷，为什

---

① 巫国平、李俊晔:《一房二卖的差价损失赔偿》，载《人民司法（案例）》2014 年第 12 期，第 34 页。

么张晓月还要起诉郭清呢？原来，张晓月出售自己的房屋是为了换房，她在签订上述房屋买卖合同一个月之后就和案外人签订了房屋买卖合同，准备用卖房的钱来购买北京市的另一套房子。张晓月认为，因为郭清支付首付款和办理过户都比合同约定的要晚，而且不幸赶上了北京的“3.17 新政”①，导致她在购买另一套房子时处于二套房状态，不得不多支付二套房贷款利息 9 万多元，而且还借了 175 万元才能支付首付款。为此，张晓月认为，这些损失都是郭清造成的，应当由郭清赔偿。而郭清认为，他迟延付款是双方商量好的，而且就算他没有迟延，因为房屋买卖过程烦琐，也不一定就能在新政实施之前过户完毕，张晓月购买另一套房屋的损失不应该由他来承担。

法院经审理认为，张晓月购买另一套房屋多支付的贷款是受房产限购政策影响而发生，而该限购政策的出台并非郭清所能预见，故因该新政产生的后果不应由郭清承担。但郭清确实存在逾期支付首付款及逾期过户的违约行为，应承担相应的违约责任，法院根据合同约定计算上述两个违约行为对应的违约金，二者相加共计 4 万元，上述违约金标准不存在过高情形，故不予调整。

由此可见，当违约方存在多种违约行为时，要根据合同违约责任的约定对每一种违约行为进行分析，分别计算违约金，并将各个违约行为对应的违约金相加得到需要赔偿的违约金总数。

---

① 北京“3.17 新政”内容如下：“一、企业购买的商品住房再次上市交易，需满 3 年及以上，若其交易对象为个人，按照本市限购政策执行。二、居民家庭名下在本市无住房且无商业性住房贷款记录、公积金住房贷款记录的，购买普通自住房的执行现行首套房政策，即首付款比例不低于 35%，购买非普通自住房的首付款比例不低于 40%（自住型商品住房、两限房等政策性住房除外）。居民家庭名下在本市已拥有 1 套住房，以及在本市无住房但有商业性住房贷款记录或公积金住房贷款记录的，购买普通自住房的首付款比例不低于 60%，购买非普通自住房的首付款比例不低于 80%。三、暂停发放贷款期限 25 年（不含 25 年）以上的个人住房贷款（含住房公积金贷款）。”载《关于完善商品住房销售和差别化信贷政策的通知》（京建法〔2017〕3 号），http：//zjw.beijing.gov.cn/bjjs/xxgk/gfxwj/zfcxjswwj/416704/index.shtml。

普法提示

在买卖房屋过程中，买卖双方如何保障自己的合法权益？中介公司又需要做哪些工作以保障房屋交易的安全顺利进行？

（一）买卖双方均要做到诚实守信

房屋买卖合同纠纷中大部分都涉及当事方的违约行为，买方最常见的违约行为就是没有相应的购房资格、未按照合同约定的期限支付房款、未能成功办理贷款、拖延履行合同义务等，卖方最常见的违约行为通常包括房屋核验不通过、存在抵押查封、拒绝履行合同义务、“一房二卖”、无权处分等。有时候，很多矛盾和纠纷都是因为签订合同时有所隐瞒而造成的，例如卖方隐瞒房屋存在共有权人、买方隐瞒没有购房资格，从而导致合同无法继续履行。因此，在签订房屋买卖合同时，买卖双方都应当做到诚实守信，卖方要对房屋的权属状况、是否存在抵押查封、是否为“满五唯一”等情形如实告知，买方也要将自己是否具有相应的购房资格、能否办理相应的贷款等情况如实告知对方。

（二）守约方要积极维权

在遇到对方违约时，守约方要积极进行维权，防止损失的进一步扩大。《民法典》第五百九十一条规定：“当事人一方违约后，对方应当采取适当措施防止损失的扩大；没有采取适当措施致使损失扩大的，不得就扩大的损失请求赔偿。当事人因防止损失扩大而支出的合理费用，由违约方负担。”虽然违约金能够对守约方进行补偿，同时对违约方进行惩罚，但是很多房屋买卖合同中约定的是违约金的计算方式，例如按照日百分比的方式支付违约金，这时就需要守约方在发现对方违约时及时书面告知，并采取诉讼等方式积极维权，以防止自身损失的进一步扩大。

（三）中介公司要严格监督房屋买卖合同的签订和履行

中介公司在房屋买卖交易中起着非常关键的作用。因为房屋买卖合同文本一般是由中介公司提供，大部分都是格式条款，这就需要中介公司在签约时将合同条款进行细心讲解，确保买卖双方理解并接受各项条款，防止出现合同理解方面的偏差。同时，中介公司要认真审核房屋权属状况、买方购房资格等可能会影响房屋买卖合同履行的重大事项，在合同中明确约定违约责任的承担方式，通过不同违约情形下对应的违约金条款来保障合同的顺利履行。

案例七

房屋买卖合同的效力

——以改网签形式进行的交易合同是否有效及违约责任如何认定

周蕊[1]

案情回顾

近年来，随着我国房地产行业的迅速发展，二手房屋买卖凭借价格比一手房低及可选择范围更广等优势，交易量不断攀高，呈现蓬勃发展态势，但其涉及的法律纠纷也随之剧增。在这些房屋买卖合同纠纷案件中，有一部分的合同双方协商采用修改网签姓名的方式进行交易，这是否会影响房屋买卖合同的效力及违约责任的认定？请看以下案例。

小王与冯阿姨在鑫鑫公司的居间服务下签订了一份《房产定购合同》，由小王购买冯阿姨所有的一套三居室，房屋面积 179.7 平方米，交易价格为 330 万元。合同约定小王在签订合同的当天向冯阿姨交纳购房定金 3 万元，待小王购房资格审核通过、冯阿姨帮助小王修改该套商品房的网签姓名成功办理网签合同后，小王一次性向冯阿姨支付全部购房款。小王和冯阿姨任何一方违约都要承担违约责任，违约的一方除要向守约方支付 10 万元违约金外，还要向鑫鑫公司支付中介服务费，同时，守约的一方可以单方面终止合同。合同签订后，冯阿姨不得拒绝出售、不按照约定价款出售或者又将此房出售给第三人，自合同签订当日，小王应积极提供购房资格审核手续，不得推诿拖延，不得毁约不买或不按照约定价格交易。此外，合同还有两条补充约定："1. 如果小王购房资格审核通过，就按合同要求履行本合同，如未通过购房资格审核，就由冯阿姨退还小王购房定金，双方互不追究责任；2. 冯阿姨负责修改网

[1] 北京市房山区人民法院燕山人民法庭法官助理。

签姓名，价位为净得价，如果开发商不予更改网签姓名，不能算冯阿姨违约。”

合同签订当天，小王就向冯阿姨给付定金3万元，随后在合同履行过程中，小王通过了相关部门的购房资格审核，但是冯阿姨却以开发商不予更改网签姓名为由拒绝出售该房屋。小王认为自己已经按照约定将购房款准备好，但是冯阿姨却违背诚实信用原则，因为房子升值就不想再出售给她。所以，小王起诉到法院，要求解除她和冯阿姨签订的房屋买卖合同，由冯阿姨向她赔偿房屋差价款243.43万元，支付违约金10万元，并双倍返还她已经交付的定金3万元。

针对小王的起诉，被告冯阿姨发表了答辩意见，经过中介公司的居间服务，冯阿姨与小王确实签订了《房产定购合同》，在签订合同之前，双方就有关事项进行了详细的说明和了解，当时小王是否具备购房资格尚不确定，该套房屋也没有办理产权证书，在这种情况下双方才明确约定如果小王购房资格不通过，不视为违约；合同约定将原始买卖合同的买方由冯阿姨更名为小王，如果冯阿姨与开发商进行协商变更买方名字未果，也不视为冯阿姨违约。签订合同当天冯阿姨确实收到小王给付的3万元定金，在鑫鑫公司通知冯阿姨小王购房资格审核通过后，她随即就向开发商提出修改购房合同买方姓名一事，但开发商明确拒绝，于是冯阿姨将不能更名之事告知鑫鑫公司和小王，小王却认为自己可以通过托关系将买卖合同进行更名，随后冯阿姨又去不动产登记中心进行咨询，中心明确告知她无法更名，属于违法，且中心就此事通知建委，建委还找到鑫鑫公司制止这种行为。在明确不能交易后，冯阿姨通过鑫鑫公司协调，如果双方同意合同不再履行，她就退还小王3万元定金并给予适当补偿，但小王未同意。该合同不能履行是因为双方就履行方式的选择违法，而不是自己因房子升值而违约。所以，冯阿姨同意小王要求解除合同的诉讼请求，但就该合同而言，自己不存在违约情形，故同意退还3万元定金，希望法庭驳回小王要求赔偿房屋差价款243.43万元，支付违约金10万元的诉讼请求，对于双倍返还定金的诉讼请求，也请法庭驳回另外的3万元，只同意返还3万元定金。另外，本案签订的合同是无效的，小王主张的差价款不存在，其主张的损失是理论上的损失，不是实际发生的损失，合同无效不存在赔偿的问题。

第三人鑫鑫公司述称，作为中介，其撮合双方签订了合同，该合同签订是双方真实意思表示，具体由谁来承担买卖合同纠纷的违约责任，由双方举证和法庭审查。

另外，涉案房屋系冯阿姨从案外人福福房地产开发公司（以下简称福福公司）处购买，但一直未办理房屋产权证书。法院就该房屋相关情况向福福公司调查询问，福福公司表示该房屋已经具备办理房屋产权证书的条件，随时可以办理房屋产权证，同时表示该房屋已经出售给冯阿姨，进行过网签备案，故不同意就该房屋更改网签姓名。

法院经审理后认为，依法成立的合同，对当事人具有法律约束力，当事人应当按照约定履行自己的义务，不得擅自变更或者解除合同。小王与冯阿姨、鑫鑫公司签订的《房产定购合同》是三方当事人真实意思表示，且不违反法律法规的强制性规定，合同合法有效。当事人协商一致，可以解除合同。在庭审中，冯阿姨和鑫鑫公司均同意解除合同，故法院对此不持异议，依法确认三方签订的《房产定购合同》于庭审时解除。合同解除之后，冯阿姨应将小王交纳的定金 3 万元予以退还。另外，根据法院调查取证，该房屋的开发商确实拒绝更改网签姓名，所以根据双方签订的合同，冯阿姨就无法更改网签姓名一事不负违约责任，其因此拒绝履行合同亦不应视为违约，故小王要求冯阿姨双倍返还定金、支付违约金并赔偿损失的诉讼请求于法无据，法院依法予以驳回。

案件判决后，小王不服一审判决，依法提起上诉。二审法院经审理后认为，小王的上诉请求和理由缺乏事实及法律依据，不予支持，一审判决认定事实清楚，适用法律正确，应予维持，故依法驳回了小王的上诉，维持原判。

法理分析

本案的争议焦点主要有以下两方面：

（一）《房屋定购合同》是否有效？

首先，我们需要了解合同生效的要件。合同生效的要件有三个：一是行为人的民事行为能力符合所订立的合同；二是所订立合同系双方真实意思表示；三是合同内容确定而且不违反法律或者损害社会公共利益。具体到本案，小王、冯阿姨均是完全行为能力人，而鑫鑫公司是经工商注册成立的公司，其民事行为能力亦自登记注册时即具备，该《房屋定购合同》是三方当事人的真实意思表示，任何一方都不存在欺诈、采取胁迫手段、乘人之危等使对方在违背真实意思的情况下签订合同的情形，该合同的订立也未违反法律或者损害社会公共利益，故小王与冯阿姨、鑫鑫公司签订的《房产定购合同》是依法成立并生效的合同。

而关于冯阿姨辩称的合同无效问题，《民法典》第一百五十三条第一款规定“违反法律、行政法规的强制性规定的民事法律行为无效。但是，该强制性规定不导致该民事法律行为无效的除外”。所谓强制性规定，是指规定人们必须履行一定行为或禁止人们从事某种行为的规范，小王和冯阿姨约定更改网签姓名的合同履行方式并未违反强制性规定，故她们之间的合同为合法有效的合同，缔约双方均应该恪守合同行使权利、履行义务。

另外，从法理角度看，民法奉行“法无禁止即自由”的原则，强调私法自治，在法律没有明确禁止的情况下，当事人之间通过平等协商确立的权利义务关系应当得到尊重，不应受到干预和限制，所以在不违反法律强制性规范和公序良俗的前提下约定更改网签姓名的合同履行方式，有其法理基础和自由，合同并非因此而无效。

（二）卖方是否存在违约行为，是否应向买方承担违约责任？

小王认为更改网签姓名仅是合同履行方式，冯阿姨以无法更改网签姓名为由拒绝出售房屋构成违约，应承担相应的违约责任。综合双方签订的《房产定购合同》，明确约定冯阿姨不能拒绝出售涉案房屋，但同时合同补充约定：“1. 如果小王购房资格审核通过，就按合同要求履行本合同，如未通过购房资格审核，就由冯阿姨退还小王购房定金，双方互不追究责任；2. 冯阿姨负责修改网签姓名，价位为净得价，如果开发商不予更改网签姓名，不能算冯阿姨违约。”另外，合同还约定附件、补充内容均为合同不可分割之一部分。综合双方的订约意图，该两条约定作为并列的两项在合同的补充协议中同时列明，说明在合同签订前双方对合同可能无法履行的情形存在合理预期，即发生补充内容约定的两种情形导致合同无法履行时，双方互不追究违约责任。该合同未就网签姓名无法更改约定其他履行方式，双方也未在网签姓名更改不成功后洽谈其他措施，故该补充约定应视为对冯阿姨不能拒绝出售房屋的约定的补充和修正。虽然通过修改网签姓名的方式履行合同仅是合同的履行方式，但任何合同的履行方式均存在特定性，并与合同其他条款相联系，采用合同约定的特定履行方式履行是双方当事人协商一致的结果，可能也是一方当事人订立整个合同的初衷。具体到本案，采用更改网签姓名的方式履行合同是小王与冯阿姨协商一致的结果，也是就此订立合同其他条款的基础，所以在无法更改网签姓名时冯阿姨拒绝履行合同，根据合同补充条款的约定应不视为违约。根据法院调查取证，房屋的开发商福福公司确实拒绝更改网签姓名，根据双方签订的合同，冯阿姨就无法更改网签姓名一事不负违约责任，故小王要求冯阿姨双倍返还定金、支付违约金并赔偿损失的诉讼请求，法院不予支持。

知识拓展

通过以上介绍，我们对合同的生效和无效有了基本的了解，下面针对上述案例中出现的一些其他概念作进一步解读。

（一）违约责任

我国《民法典》第五百七十七条规定："当事人一方不履行合同义务或者履行合同义务不符合约定的，应当承担继续履行、采取补救措施或者赔偿损失等违约责任。"[①]

---

① 关于违约责任的种类，《民法典》第五百七十七条沿袭了原《合同法》第一百零七条的规定。

违约责任原则上适用无过错责任原则，法定的免责事由为不可抗力，例外情况下，少数的违约责任采用过错责任原则，且仅适用于法律明确规定的某类合同中的“特定”违约行为。如《民法典》第九百二十九条规定，在委托合同中，受托人有过错造成委托人损失的，应承担赔偿损失的违约责任。[①]

法律规定的承担违约责任的方式主要包括：实际履行、采取补救措施（修理、更换、重作）、支付违约金、适用定金罚则、赔偿损失、请求减少价款或报酬。在这些违约责任中，违约金和定金是不能并用的，《民法典》第五百八十八条第一款规定：“当事人既约定违约金，又约定定金的，一方违约时，对方可以选择适用违约金或者定金条款。”[②]本案中小王既主张了违约金，又要求双倍返还定金，在法院审理过程中法官会释明小王选择其中一项。

另外，违约金责任的成立不仅需要发生违约行为，还需要当事人在合同中明确约定了违约金条款，其成立不是以违约造成损失为前提条件的，造成损失的大小，只是调整违约金数额的考虑因素。

关于违约金数额的调整，《民法典》第五百八十五条第二款作出了规定，“约定的违约金低于造成的损失的，人民法院或者仲裁机构可以根据当事人的请求予以增加；约定的违约金过分高于造成的损失的，人民法院或者仲裁机构可以根据当事人的请求予以适当减少”，当事人如要求减少违约金，对于应当减少的数额，法院一般会以实际损失为基础，兼顾合同的履行情况、当事人的过错程度以及预期利益等综合因素，根据公平原则和诚实信用原则予以衡量，作出裁决。

---

① 《民法典》第九百二十九条第一款规定，有偿的委托合同，因受托人的过错造成委托人损失的，委托人可以请求赔偿损失。无偿的委托合同，因受托人的故意或者重大过失造成委托人损失的，委托人可以请求赔偿损失。

② 关于违约金与定金竞合选择权，《民法典》第五百八十八条第一款沿袭了原《合同法》第一百一十六条的规定。

（二）合同的解除

合同解除，是指合同成立后，未履行或未完全履行前，经当事人协商，或者当时具备合同解除的条件，由解除权人行使解除权从而使合同关系消灭的一种行为。合同解除包括三类：第一，协议解除，指合同成立后，未履行或未完全履行前，当事人协议解除合同使合同效力消灭的合同解除方式。第二，约定解除，指当事人在合同中约定了解除权成立的条件，在合同履行完毕之前，约定解除权的条件成就时，约定的解除权人通过行使解除权使合同消灭的一种合同解除方式。第三，法定解除，根据《民法典》第五百六十三条第一款的规定，有下列情形之一的，当事人可以行使法定解除权解除合同：（1）因不可抗力致使不能实现合同目的；（2）在履行期限届满前，当事人一方明确表示或者以自己的行为表明不履行主要债务；（3）当事人一方迟延履行主要债务，经催告后在合理期限内仍未履行；（4）当事人一方迟延履行债务或者有其他违约行为致使不能实现合同目的；（5）法律规定的其他情形。

上述的法定解除权或者约定解除权成立后，合同并不是当然就解除了，享有解除权的一方尚需作出解除的行为（发出书面或者口头的解除通知），自解除通知到达对方当事人时，合同才能被解除。

关于合同解除以后的违约责任问题，首先，合同因违约解除的，违约方应当承担损害赔偿责任。其次，因不可抗力致使合同目的不能实现而解除合同的，没有履行义务的一方如果符合下列三个条件，即可不承担损害赔偿责任：一是不可抗力不是发生在其迟延履行以后；二是已经及时通知对方；三是在合理期限内提供发生不可抗力的证明。最后，合同中约定的违约金、定金条款属于结算、清理条款，不因合同的解除而终止，如合同约定了违约金，合同因违约解除后，守约方仍然有权请求违约方支付违约金。

普法提示

购房对于每个普通家庭而言都是一件大事，但随着房地产市场交易的红火发展，房屋买卖合同纠纷，特别是二手房屋买卖合同纠纷也如雨后春笋般出现在公众的视野中，大家在订立合同、进行房屋交易时如何更好地避开“雷区”、维护自身权利是件不容易的事情，对此我们给出如下小贴士：

（一）认真评估房源，全面了解房屋现状

相对于新房，二手房来源广泛，其权属也更为复杂，不仅包括商品房，还包括房改房、安居房以及经济适用房等，而作为具有一定福利性质的政策性住房，房改房、安居房、经济适用房在转让时是有一定限制的。所以签订二手房屋买卖合同时，买方应当了解清楚房屋的权属情况，必要时到相关部门了解清楚房屋产权的登记情况，以避免出现被欺诈或者产权归属不清的情形。

另外，相较于新商品房交易，二手房屋买卖涉及问题更为广泛，如交易房屋是否出租、物业服务等相关费用是否存在拖欠、卖方户口是否从交易房屋中迁入、是否存在抵押被查封等情况，签约前务必核实清楚，以免后续产生纠纷。

（二）全面了解资质，选择规范的中介公司

不同于新商品房交易，二手房屋买卖大都通过房地产中介公司提供居间服务完成，但实践中中介公司良莠不齐，在高交易量的背后，中介公司和从业人员的不规范、失职等行为，一定程度上促使了二手房屋买卖合同纠纷的高发和频发。为促成房屋买卖合同的订立，一些中介公司可能会向委托人作出违规承诺或虚假承诺，如承诺为不具有购房资格的委托人解决购房资格问题、承诺为委托人规避应缴纳的税款等，最终因承诺无法实现，导致房屋无法过户成交，从而产生纠纷。所以，选对中介机构尤为重要。在选择前应尽可能查看中介公司的营业执照，核实其是否按规定进行年检，关注其近几月的房屋交易成交量、了解从业人员资质等，以对中介公司的资质、能力、信誉等进行前期评估。

（三）细致审查合同条款，尽可能将有合理预期的情形条文化

如果通过中介公司进行房屋交易，基本是在范本合同基础上予以修改，这就需要审慎阅读合同条款、全面理解条款内容，谨防一些加重买方卖方义务、免除中介自身责任的格式条款。另外，如果买卖双方对有可能导致合同无法履行的情形事先有合理预期，一定要将这些情形在合同中悉数详尽列明，对这些情形发生时是否属于违约以及违约责任如何承担的问题一并以条款的形式在合同中予以固定。尤其对于定金和违约金条款，切记需要在合同中明确约定。关于房屋价格、首付款、资金监管、贷款申请方式、过户申请时间、税费负担、交房日期、水电煤气物业供暖等各项费用的交接年月等，这些要点亦要在合同中一一明确列清。

（四）积极留存证据，以备不时之需

大部分房屋买卖合同纠纷案件的当事人会选择利用法律武器维权，但往往因法律知识、证据意识的缺乏而使其诉讼能力大打折扣，这就需要大家提升风险意识，在交易的全过程中注意留存关键性证据，如双方沟通合同履行细节时的微信、短信、邮件、转账凭证等，以便发生纠纷时能够证明自己的主张。

案例八

因借名买房发生纠纷

——出名人能否直接以其系房屋登记所有权人为由要求返还房屋

郭珊珊[①]

案情回顾

近年来，由于房价大幅上涨，各地政府为规范房地产市场、打击囤房等投机行为，纷纷出台诸如限购令、限贷令等一系列房价调控政策以平稳房价，也因此催生了许多购房者为规避限购或限贷政策、减少税费或者享受优惠政策等目的，借用他人名义购房的现象，形成“名不副实”的借名买房。借名买房，是指房屋实际出资人出于特定目的，在征得他人同意后，用他人名义签订购房合同并登记在他人名下，由实际出资人享有房屋权益的行为。实际出资人称为“借名人”，另一方则称为“出名人”。借名买房造成房屋权属登记失实，引发了大量纠纷，下面就是一起因借名买房引起的纠纷。

沈老先生勤勤恳恳、辛辛苦苦奋斗了一辈子，终于在2015年经北京市住房管理部门审核获得了购买经济适用住房的资格，也算是在北京这个一线大城市拥有了自己的房子。买房时，沈老先生已经76岁，他一辈子没有结婚，无儿无女，身边没有至亲之人，加上身体瘫痪行动不便，根本没有精力处理，只能委托外甥小文代替自己办理房屋买卖及交接手续。完成房屋交接后，房子一直由沈老先生的姐姐和姐夫管理和居住，沈老先生一直住在养老院。眼看着日子一天天过去，沈老先生越发感觉自己的身体不行了，想着自己不能一直住在养老院，得要回自己的房子，人终是要落叶归根的。于是，沈老先生三番五次和姐姐、姐夫协商，希望他们将房屋返还给自己，但姐姐、姐夫始终拒绝，不得已之下沈老先生只能委托律师向法院起诉，沈老先生作

① 北京市房山区人民法院立案庭法官助理。

为原告，将姐姐、姐夫作为被告告上法庭，要求：二被告腾退并返还原告房屋，并支付自 2016 年 1 月 30 日起至 2018 年 7 月 30 日止的房屋占有使用费 7.5 万元，支付自 2018 年 8 月 1 日起至实际交付房屋之日止的房屋占有使用费（每日 100 元）。

姐姐辩称：自己与沈老先生确系姐弟关系，沈老先生符合购买北京市经济适用房条件，但因其经济窘迫，依赖低保金生存，实际上无力购买。后经原、被告协商一致，达成借名买房协议，由被告以原告名义来购买房屋，鉴于双方系亲属关系，并未签订任何书面文件，后双方一致同意将相关购房事宜委托给案外人小文（二被告之子）处理。达成协议后，案涉房屋的购房款系被告方（被告之女）支付，原告仅出名申请。案涉房屋购买合同、购房款发票、契税、房屋钥匙、房屋所有权证、物业费、水电费缴费凭证均在被告处，由被告保管。案涉房屋交房后，一直由被告占有使用，原告从未提出过任何异议。所以虽然案涉房屋登记在原告名下，但被告才是案涉房屋的实际所有权人。根据《物权法》第三十九条、第七十一条（现已失效，相关规定见《民法典》第二百四十条、第二百七十二条）的规定，被告对案涉房屋享有占有、使用、收益和处分的权利，任何人不得妨碍被告行使该等权利，更无权要求被告因行使该等权利而支付费用。对于房屋占有使用费的问题，原告对什么时间收房都不清楚，原、被告是借名买房的关系，不存在非法入住的情况。综上所述，被告认为无须返还案涉房屋，且无须支付房屋使用费。

北京市房山区人民法院根据双方提交的证据，经审理认为原、被告之间存在借名买房的法律关系，被告占有案涉房屋并非无权或非法占有。鉴于此，双方应先解决借名买房的问题，在该问题未解决的情况下，原告要求被告腾退房屋并支付占有使用费的诉讼请求，法院不予支持。根据《物权法》第二百四十一条（现已失效，相关规定见《民法典》第四百五十八条）、《民事诉讼法》第六十四条（现第六十七条）判决驳回了原告的诉讼请求。[①]

① 参见（2019）京 0111 民初 1898 号民事判决书，载中国裁判文书网。

此后，沈老先生不服判决，上诉至北京市第二中级人民法院，二审法院经审理认为一审判决认定事实清楚，适用法律正确，处理结果并无不当，判决驳回上诉，维持原判。[①]

法理分析

虽然上述案例裁判所依据的《物权法》已经废止，但《民法典》第四百五十八条完全体现了《物权法》第二百四十一条的内容，条文内容并未更改。

根据《民法典》第二百三十四条“因物权的归属、内容发生争议的，利害关系人可以请求确认权利”，第二百一十七条“不动产权属证书是权利人享有该不动产物权的证明。不动产权属证书记载的事项，应当与不动产登记簿一致；记载不一致的，除有证据证明不动产登记簿确有错误外，以不动产登记簿为准”（原《物权法》第三十三条和第十七条）的规定可知，不动产登记仅具有权利推定的效力，并非不动产归属的绝对依据，当事人如有相反证据的，仍然可以推翻。即原则上，不动产的所有权依据不动产登记来确认和保护，但如果有足够的证据表明实际权利人与登记权利人不一致的，可以认定该物权归实际权利人所有。所以本案的争议焦点在于原、被告之间是否存在借名买房法律关系。

借名买房约定的形式既可以是书面约定，也可以是口头约定，在没有书面协议的情况下如何认定借名买房关系的存在是本案的关键。主张法律关系存在的当事人，应当对产生该法律关系的基本事实承担举证证明责任；对负有举证证明责任的当事人提供的证据，法院经审查并结合相关事实，确信待证事实的存在具有高度可能性，应当认定该事实存在，这也称为“高度盖然性证明标准”。“高度盖然性证明标准”是指证明虽然没有达到使法官对待证事实确信为绝对真实的程度，但已经相信存在极大或非常可能真实的程度。

---

① 参见（2019）京02民终12854号民事判决书，载中国裁判文书网。

《最高人民法院关于民事诉讼证据的若干规定》（2008）第七十三条第一款[①]以及《最高人民法院关于适用〈中华人民共和国民事诉讼法〉的解释》第一百零八条第一款[②]都对这一原则作了确认和解释。

本案中认定存在口头借名买房约定应当综合以下四点进行判断：房屋的出资、房屋的占有使用、购房票据及产权证书的持有以及对于借名购房有无合理解释。综合本案查明的事实，尽管原、被告之间没有书面协议，但诉争房屋的购房款系由被告之女交纳，诉争房屋自交付日起由被告占有使用，购买诉争房屋的原始票据及产权证书均由被告持有，二人与原告之间亦为亲属关系，庭审中被告对于借名买房亦做出了合理解释，且原告为享受低保人员，签订现房买卖合同时居住于养老院，养老院的费用亦为兄弟姐妹筹措，原告本人无力支付，原告亦表示交纳购房款时双方并未协商归还时间，综合上述分析原告并无归还借款的能力，其称借用被告之女钱款交纳购房款的主张亦与常理不符。再者因原告签署的为现房买卖合同，合同中约定了房屋交付时间为 2015 年 7 月 31 日，原告应该知晓房屋在 2015 年 7 月已交付，故其称不知道房屋已交付的陈述与常理不符。综上，原、被告之间存在借名买房的法律关系。二审法院认为根据双方陈述可以认定，上诉人（原审原告）并无经济收入，经济适用住房资格系小文代为申请，购房款系被上诉人（原审被告）之女交纳，合同系上诉人本人签署，其对合同约定的交付日期应知晓，但上诉人在房屋实际交付后三年多时间内并未提出居住使用要求或主张权利。而被上诉人夫妇在京并无住房，二人在房屋交付后居住使用并保管证件

① 《最高人民法院关于民事诉讼证据的若干规定》（2008）第七十三条第一款规定："双方当事人对同一事实分别举出相反的证据，但都没有足够的依据否定对方证据的，人民法院应当结合案件情况，判断一方提供证据的证明力是否明显大于另一方提供证据的证明力，并对证明力较大的证据予以确认。"《最高人民法院关于修改〈关于民事诉讼法证据的若干规定〉的决定》已于 2019 年 10 月 14 日由最高人民法院审判委员会第 1777 次会议通过，自 2020 年 5 月 1 日起施行。

② 《最高人民法院关于适用〈中华人民共和国民事诉讼法〉的解释》第一百零八条第一款规定："对负有举证证明责任的当事人提供的证据，人民法院经审查并结合相关事实，确信待证事实的存在具有高度可能性的，应当认定该事实存在。"

资料的行为，与其在京生活状况和需要更为相符，故二人所提交证据的证明力高于上诉人所提交证据的证明力，并已达到高度可能性的证明标准，可以认定双方之间借名买房法律关系成立。

所以以此认定原、被告双方之间存在借名买房法律关系是合理合法的，足以产生对抗原告诉讼请求的抗辩。

知识拓展

民事案件的案由是对诉讼争议所包含的法律关系的概括，不同的案由反映不同的法律关系，直接影响所争议法律关系的界定、法律的适用、举证责任的承担和案件的判决结果。案由以当事人主张的民事法律关系的性质确定。根据借名买房背后涉及的法律关系，综合审判实践，将涉及因借名买房提起诉讼的案由分为三类进行分析，这也是实务中选择最多的三类案由。

（一）返还原物纠纷

返还原物纠纷诉讼，一般由出名人提起，如案例中的沈老先生，基于自己是房屋产权登记人，提起依据是《物权法》第三十四条，“无权占有不动产或者动产的，权利人可以请求返还原物”，也就是《民法典》第二百三十五条。根据物权理论，权利人只有在对标的物享有所有权的前提下，才能请求相对人返还标的物，故在所有物返还请求权之诉中，权利人应当对自己对标的物享有所有权承担举证责任。如果占有人承认自己占有双方争议的标的物，且主张其为有权占有，则应当由其承担举证责任。物权人请求返还原物，占有人必须为无权占有。所谓无权占有，是指无正当权源而占有他人之物的状态。案例中，沈老先生的姐姐、姐夫主张原、被告之间存在借名买房的法律关系，且法庭认可了此种法律关系的存在，认定被告占有案涉房屋并非无权或非法占有，而驳回了原告的诉讼请求。

选择返还原物纠纷案由存在对方以有权占有提出抗辩的风险，当事人要综合案件事实、证据情况等谨慎选择。

（二）所有权纠纷或所有权确认纠纷

因出名人不承认借名买房的事实、拒绝配合过户等，有些借名人会选择以所有权纠纷或者所有权确认纠纷提起诉讼。以此案由提起诉讼本身表明借名人自己认可涉案房屋存在所有权不明的争议，没有肯定自己所有权人的身份，会把自己处于不利的地位。[①]在案件审理过程中，借名人往往以存在借名买房合同关系证明自己所有权的正当性，而法院会认为此为两种不同的法律关系，合同关系成立或者发生效力之前，无权对房屋所有权主张变更，因而驳回诉讼请求。例如下面这个案例：

董某与杨美系夫妻，李某与杨丽系夫妻，杨美与杨丽系同胞姐妹关系。2019 年，董某、杨美以所有权确认纠纷将李某、杨丽诉至法院，请求判令位于北京市门头沟区某处的房产归二原告所有。董某、杨美主张自己是房屋的实际出资人，原、被告之间存在事实上的借名买房法律关系。法院经审理认为不动产物权的设立、变更、转让和消灭，依照法律规定应当登记，自记载于不动产登记簿时发生效力。不动产权属证书是权利人享有该不动产的证明。案涉房屋现登记在二被告名下，该不动产权证书对他人具有公示的法律效力，明确案涉房屋归二被告共有。原、被告之间是否就案涉房屋存在借名买房的权利义务关系，应为是否存在合同关系，而本案处理的问题指向物权确认。在双方的合同关系是否成立或者是否产生法律效力明确之前，其无权对已明确的房屋所有权人主张变更，其基于的事实与其诉讼请求是两个不同的法律关系，故判决驳回董某、杨美的诉讼请求。[②]

（三）合同纠纷

2020 年 12 月 29 日最高人民法院发布的关于印发修改后的《民事案件案由规定》（以下简称《案由规定》）的通知第四条第二项规定：关于物权纠纷案由与合同纠纷案由的编排设置。修改后的《案由规定》仍然沿用 2011 年《案

① 参见陈新明：《借名买房纠纷案由分析》，载找法网，http：//china.findlaw.cn/lawyers/article/d579360.html。

② 参见（2019）京 0109 民初 4654 号民事判决书，载中国裁判文书网。

由规定》关于物权纠纷案由与合同纠纷案由的编排体系。按照物权变动原因与结果相区分的原则，对于涉及物权变动的原因，即债权性质的合同关系引发的纠纷案件的案由，修改后的《案由规定》将其放在合同纠纷项下；对于涉及物权变动的结果，即物权设立、权属、效力、使用、收益等物权关系产生的纠纷案件的案由，修改后的《案由规定》将其放在物权纠纷项下。前者如第三级案由“居住权合同纠纷”列在第二级案由“合同纠纷”项下；后者如第三级案由“居住权纠纷”列在第二级案由“物权纠纷”项下。具体适用时，人民法院应根据当事人诉争的法律关系的性质，查明该法律关系涉及的是物权变动的原因关系还是物权变动的结果关系，以正确确定案由。当事人诉争的法律关系性质涉及物权变动原因的，即因债权性质的合同关系引发的纠纷案件，应当选择适用第二级案由“合同纠纷”项下的案由，如“居住权合同纠纷”案由；当事人诉争的法律关系性质涉及物权变动结果的，即因物权设立、权属、效力、使用、收益等物权关系引发的纠纷案件，应当选择第二级案由“物权纠纷”项下的案由，如“居住权纠纷”案由。合同形式，是指当事人合意的外在表现形式，是合同内容的载体。《民法典》第四百六十九条第一款规定，“当事人订立合同，可以采用书面形式、口头形式或者其他形式”，所以无论是签订书面借名买房合同还是口头约定，抑或是存在事实上的借名买房法律关系，都是合同的表现形式，发生纠纷可适用合同纠纷的案由。[①]

通知第五条第一项规定：“在案由横向体系上应当按照由低到高的顺序选择适用个案案由。确定个案案由时，应当优先适用第四级案由，没有对应的第四级案由的，适用相应的第三级案由；第三级案由中没有规定的，适用相应的第二级案由；第二级案由没有规定的，适用相应的第一级案由。这样处理，有利于更准确地反映当事人诉争的法律关系的性质，有利于促进分类管理科学化和提高司法统计准确性。”在第三级、第四级案由中并没有“借名买房合同纠纷”这一案由，有人认为构成房屋买卖合同关系，因此以房屋买卖合同纠纷提起诉

① 参见陈新明：《借名买房纠纷案由分析》，载找法网，http://china.findlaw.cn/lawyers/article/d579360.html。

讼。例如王某诉陈某一案中，王某主张存在借名买房合同关系，以房屋买卖合同纠纷为由请求判决陈某将房屋过户至王某名下，得到了法院的支持。[①] 在第三级、第四级案由没有规定的情况下，也有人主张适用第二级合同纠纷的案由，这是符合《案由规定》的要求的。[②] 实践中也有案例支持，同样是因借名买房发生纠纷，小鹏以合同纠纷将被告王某诉至法院，并得到了法院的支持。[③]

诉讼是当事人的权利，选择确认之诉还是给付之诉也是当事人的自由，但因借名人的事实物权未经登记而未生效，直接要求确认房屋所有权人，往往得不到法院的支持，而基于双方的合同关系，判决出名人履行合同附随义务，协助办理过户登记手续更容易得到法院的支持。例如，北京市高级人民法院印发的《关于审理房屋买卖合同纠纷案件适用法律若干问题的指导意见（试行）》（以下简称《指导意见》）第十五条第一款规定："当事人约定一方以他人名义购买房屋，并将房屋登记在他人名下，借名人实际享有房屋权益，借名人依据合同约定要求登记人（出名人）办理房屋所有权转移登记的，可予支持……"又如，2011 年 4 月 22 日浙江省高级人民法院民一庭《关于审理受房地产市场调控政策影响的房屋买卖合同纠纷案件的若干意见（试行）》第八条规定："实际买受人为规避限购、禁购政策，以他人名义与出卖人订立合同并办理房屋权属证书后，以其系实际买受人为由，请求确认其为房屋产权人的，不予支持，但调控政策重新调整并准许其取得产权的除外。"

普法提示

（一）不仅看到眼前的好处及便利，更要预见后期的风险

对于出名人而言，一方面，实际出资人可能出现还贷、缴费不及时的情

---

① 参见（2018）京 0115 民初 23515 号民事判决书，载中国裁判文书网。

② 参见陈新明：《借名买房纠纷案由分析》，载找法网，http：//china.findlaw.cn/lawyers/article/d579360.html。

③ 参见（2016）京 0105 民初 16168 号民事判决书，载中国裁判文书网。

况，此时出名人不但存在要替借名人还债的风险，更有可能会留下不良征信记录，影响其今后购房、办理银行贷款、申办信用卡等，甚至出现影响家人的情况；另一方面，近年来，各地相继出台了更为严格的购房政策，例如北京于2017年3月17日出台的《关于完善商品房住房销售和差别化信贷政策的通知》第二条第二款就规定："居民家庭名下在本市已拥有1套住房，以及在本市无住房但有商业性住房贷款记录或公积金住房贷款记录的，购买普通自住房的首付款比例不低于60%，购买非普通自住房的首付款比例不低于80%。"等到自己想买房时，可能因为已经有购房记录或者贷款记录不得不面临更高额的首付款和更为严格的相关购房政策。

对于借名人而言，在完成房屋产权转移登记之前，由于未在房屋产权登记簿上署名将面临更大的风险。第一，如果房价暴涨，出名人可能否定借名买房法律事实的存在，主张借名人出资系借贷关系或者赠与。第二，出名人反悔或者要求给予更多赔偿而拒绝配合办理过户手续。第三，出名人离婚，房屋作为夫妻共同财产被分割。第四，出名人死亡，继承人不知道甚至完全否认借名买房合同或者事实的存在，房产作为遗产被继承。第五，出名人在借名人不知情的情况下为房产设置抵押权。第六，存在出名人因其他纠纷被法院列为被执行人，房产因此被法院查封、拍卖的风险。第七，出名人擅自将房屋出卖给第三人，第三人基于对房屋登记簿中关于物权登记记载的信任，以合理对价获得房产并办理房屋所有权转移登记，第三人就以善意取得的方式获得了房屋所有权，致使借名人丧失对房屋的权利。

（二）明确所购房屋的性质，详尽了解房屋所在地购房政策

最好不要购买拆迁房、安置房、经济适用房等有政策限制交易条件的房产，以免发生纠纷，导致房钱两空。在借名买房合同效力的认定问题上，保障性住房和普通商品房的结果截然不同。例如，《指导意见》第十五条第一款规定普通商品房要求过户可予支持。但是，该房屋因登记人的债权人查封或其他原因依法不能办理转移登记，或者涉及善意交易第三人利益的除外。第十六条规定："借名人违反相关政策、法规的规定，借名购买经济

适用住房等政策性保障住房，并登记在他人名下，借名人主张确认房屋归其所有或者依据双方之间的约定要求登记人办理房屋所有权转移登记的，一般不予支持。”

（三）签订书面借名买房合同，严格约定权利义务

借名买房一般出现在相熟的亲戚朋友之间，双方出于对彼此的信任或者碍于情面，只进行口头约定，并未签订书面合同，这很容易为日后纠纷埋下隐患。所以要签订书面合同，且在合同中严格约定双方的权利义务及违约责任，如针对借名人出现无法支付贷款的情况，出名人反悔不配合过户，违约将房屋转让、赠与、抵押等，需约定严格的违约责任，并约定不论合同效力如何，违约条款照常适用，降低彼此的风险。

总之，借名买房合同作为现实中“名不副实”的合同类型，存在一定的法律风险，在此提醒广大群众，一定要实事求是，不要心存规避政策、钻法律漏洞的侥幸心理，尽量避免使用他人名义或者出借自己名义购房。

案例九

支付全款终不得房，“一房数卖”中买家如何维权

——解析“一房数卖”交易中合同的效力及救济措施

王嘉[①]

案情回顾

2008年，黄女士看中了位于北京市房山区某小区的一套房屋，由温馨房地产开发公司（以下简称温馨公司）开发建设，户型、地段都让她觉得很满意，经与家人商议后，黄女士通过中介公司与温馨公司签订了商品房买卖合同。合同约定房屋总价款51万元，付款方式为一次性付款，出卖人应当在2009年10月1日前交付房屋，逾期90日后买受人有权解除合同。合同签订当日，黄女士向温馨公司支付了全部房款。当时商品房市场价格一直在上涨，黄女士还暗自庆幸自己决策果断。然而温馨公司并没有按期交付房屋。黄女士多次催促卖家交房，却迟迟没有得到回应。有一天，黄女士在看报纸时，发现了一则标题为“一房多卖，销售商编造虚假房号出售”的新闻，报道的就是自己所购房屋的开发商温馨公司，这让黄女士警惕起来。经过调查核实，黄女士发现自己购买的房屋已经卖给第三人。黄女士非常气愤，毕竟自己出于信任，早已把购房款付清，而且是一门心思等待交房，没想到对方却这样不诚信。黄女士多次联系温馨公司解决问题，但是对方一直拖延不办。无奈之下，黄女士只得将房屋开发商告上法庭，要求解除与被告签订的商品房买卖合同，并要求被告返还已付购房款51万元及利息2.9万元，承担已付购房款一倍的赔偿责任并赔偿交通费、误工费等损失5万元。

庭审中，温馨公司辩称，自己虽然委托中介公司售房，但是在与黄女士签订的合同里，落款盖章处并非自己公司盖章，而是中介公司伪造，温馨公

---

① 北京市房山区人民法院立案庭法官助理。

司并没有与黄女士签订过房屋买卖合同。温馨公司对原告所述的将房屋出卖给第三人的事实未提出抗辩。

法院经审理后认为，温馨公司委托中介公司代理销售房屋，中介公司以被告温馨公司的名义与原告黄女士签订商品房买卖合同，属于代理行为，温馨公司作为被代理人，应当对代理行为承担民事责任，中介公司是否伪造印章并不影响代理售房的行为性质。事实上，中介公司进行一房二卖的行为也是经温馨公司授权的，温馨公司应当承担相应的法律责任。温馨公司因未履行合同致使原告不能实现合同目的，现黄女士要求解除合同，应当予以支持，温馨公司应当退还房款，并承担相应违约责任。根据法律规定，温馨公司应当承担支付利息并承担不超过已付房款一倍的赔偿责任。最终，法院判决解除双方买卖合同，温馨公司退还黄女士购房款 51 万元及利息，并赔偿黄女士 10 万元。

法理分析

“一房数卖”是指出卖人分别与两个以上的买受人签订买卖合同，将同一房屋出卖给两个以上不同的买受人，又称房屋的多重买卖。“一房数卖”涉及房屋所有权的变动模式、商品房买卖合同的效力，以及无法取得商品房所有权的买受人如何寻求法律救济等问题。

（一）商品房买卖合同签订后是否发生物权转移的效力？

根据我国法律规定，商品房买卖合同签订后并不当然发生物权转移的效力。我国民事立法采用的是债权形式主义的物权变动模式，即区分债权变动与物权变动的法律事实基础。在债权形式主义模式下，房屋买卖合同的效力和房屋所有权的转移得以区分，既体现对当事人意思自治的尊重，又便利物权交易，还有效保障物权交易安全，但是也为“一房数卖”留下了空间。这一模式不认可在债权合同之外独立存在引起物权变动的物权合同，而认为交付或者办理登记手续是事实行为，物权变动法律效果的发生，须以生效的债权合同与交付行为或者登记行为的法律事实构成为基础。也就是说，只有动产实际交付、不动产办理变更登记手续才能发生物权转移的效果。这一理念在《民法典》物权编条文中也得到了充分体现。《民法典》第二百零九条第一款规定，不动产物权的设立、变更、转让和消灭，经依法登记，发生效力；未经登记，不发生效力，但是法律另有规定的除外。《民法典》第二百一十四条明确了不动产变动生效时间，即不动产物权的设立、变更、转让和消灭，依照法律规定应当登记的，自记载于不动产登记簿时发生效力。在上述案例中，虽然黄女士与温馨公司签订了商品房买卖合同，且黄女士已经支付了全部购房款，但是由于温馨公司并没有配合黄女士办理过户登记，所以黄女士并没有取得房屋所有权。

（二）“一房数卖”中的数份商品房买卖合同的效力

关于“一房数卖”的合同效力问题，司法实践中采用的观点是“一房数卖”行为不影响买卖合同的效力。在债权形式主义模式下，房屋买卖合同的效力和房屋所有权的转移得以区分，既体现对当事人意思自治的尊重，又便利物权交易，还有效保障物权交易安全。但同时，这也为“一房数卖”现象提供了广阔空间。债权合同效力的发生并不直接引起物权变动的法律效果。《民法典》第二百一十五条规定，当事人之间订立有关设立、变更、转让和消灭不动产物权的合同，除法律另有规定或者当事人另有约定外，自合同成立时生效；未办理物权登记的，不影响合同效力。也就是说，商品房买卖合同的效力与买房人是否得到房屋没有关系，只要合同是自愿签订的，不违反法律的强制性规定，即为有效的合同；如果房屋出卖人在协助买受人办理登记手续后，又出卖该房屋，属于无权处分行为，无权处分行为下签订的合同效力待定；如果出卖人故意隐瞒所售房屋已经出卖的事实而另行签订房屋买卖合同，出卖人即存在欺诈行为，属于可撤销的合同。上述案例中，虽然黄女士未办理过户登记，没有取得房屋的所有权，温馨公司又将原本卖给黄女士的房屋卖给了第三人，但是黄女士与温馨公司签订的商品房买卖合同是有效的，黄女士与温馨公司之间存在债权债务关系，黄女士可以依据合同约定主张解除合同以及损害赔偿。

（三）“一房数卖”中无法取得商品房所有权的买受人如何寻求法律救济？

首先，买受人可以主张解除合同，《合同法》第九十四条（《民法典》第五百六十三条）规定了当事人可以解除合同的情形，包括：（1）因不可抗力致使不能实现合同目的；（2）在履行期限届满前，当事人一方明确表示或者以自己的行为表明不履行主要债务；（3）当事人一方迟延履行主要债务，经催告后在合理期限内仍未履行；（4）当事人一方迟延履行债务或者有其他违约行为致使不能实现合同目的；（5）法律规定的其他情形。案例中温馨公司逾期未履行合同，经催告后仍未交付房屋及办理变更登记，并且又将房屋卖与第三人，属于法律规定的当事人可以解除合同的情形，黄女士可以依此主张解除合同。买受人请求解除合同的条件，依据《最高人民法院关于审理商品房买卖合同纠纷案件适用法律若干问题的解释》原第十五条（现第十一条）的规定，出卖人延迟交付房屋，经催告后在三个月的合理期限内仍未履行，当事人一方请求解除合同的，应予支持，但当事人另有约定的除外。法律没有规定或者当事人没有约定，经对方当事人催告后，解除权行使的合理期限为三个月。对方当事人没有催告的，解除权应当在解除权发生之日起一年内行使；逾期不行使的，解除权消灭。根据《合同法》第九十七条（现已失效，相关规定见《民法典》第五百六十六条第一款）的规定，合同解除有相应的法律后果，即合同解除后，尚未履行的，终止履行；已经履行的，根据履行情况和合同性质，当事人可以要求恢复原状、采取其他补救措施，并有权要求赔偿损失。除了解除合同，黄女士还可以主张相应赔偿，原《最高人民法院关于审理商品房买卖合同纠纷案件适用法律若干问题的解释》第八条规定，商品房买卖合同订立后，出卖人未告知买受人又将该房屋抵押给第三人或者商品房买卖合同订立后，出卖人又将该房屋出卖给第三人，导致商品房买卖合同目的不能实现的，无法取得房屋的买受人可以请求解除合同、返还已付购房款及利息、赔偿损失，并可以请求出卖人承担不超过已付购房款一倍的赔偿责任。

除上述救济渠道外，根据《最高人民法院关于审理商品房买卖合同纠纷案件适用法律若干问题的解释》原第十条（现第七条）的规定，在出卖人与第三人有恶意串通的情况下，先买者还享有请求无效权利，即“买受人以出卖人与第三人恶意串通，另行订立商品房买卖合同并将房屋交付使用，导致其无法取得房屋为由，请求确认出卖人与第三人订立的商品房买卖合同无效的，应予支持”。但实践中，出卖人与第三人存在恶意串通的事实通常难以举证，因此买受人要想得到法律上的保护，往往只能通过追究出卖人的违约责任的方式。

知识拓展

在上述案例的法理分析中，我们了解了商品房发生物权转移的方式、“一房数卖”的合同效力如何认定以及“一房数卖”中无法取得商品房所有权的买受人如何寻求法律救济。现实生活中还有许多“一房数卖”的案例，对于大多数人来说，买房并不像买衣服或食物那样简单，因为买房是一笔不小的开支，而且会影响今后的生活环境，挑到自己满意的房子也不是很容易的事，因此，许多买房人经过仔细研究挑选和实地看房，在莫名遭遇“一房数卖”时，许多当事人并不会像黄女士一样请求解除合同，而是会请求卖房人交付房屋并配合办理过户登记，遇到这样的问题，就应该厘清商品房“一房数卖”合同如何履行，也就是“一房数卖”中多个买受人的权利保护顺位问题。

在遇到“一房数卖”纠纷案件时，在多个买受人均提出履行要求时，该如何处理？司法实践的观点通常是：如果数份合同均有效且买受人均要求履行合同的，一般应按照已经办理房屋所有权变更登记、合法占有房屋以及合同履行情况、买卖合同成立先后等顺序确定权利保护顺位。[①] 在“一房数卖”的情况下，如果多个涉及共同标的物的合同均已发生法律效力，已经办理房

① 参见《第八次全国法院民事商事审判工作会议（民事部分）纪要》第十五条。

地产登记的，优于未办理房屋过户变更登记的；均未办理登记，先占有的优于后占有的；均未占有的，先交付全部价款的，优于未交付全部价款的。但是，恶意办理登记的买受人，其权利不能优先于已经合法占有该房屋的买受人；如果涉及同一房屋的多个买卖合同，其中一个未发生法律效力或被认定无效，该合同的买受人不具有对房屋的请求权，当然无法对抗其他合法有效的合同买受人对房屋的请求权。对买卖合同的成立时间，应当依据综合主管机关的备案时间、合同载明的签订时间以及其他证据确定。

第一，已经办理房屋过户变更登记的，优于未办理房屋过户变更登记的。如果多个买受人中存在已经办理完房屋产权登记的情况，则该买受人是房屋的正当所有权人，该买受人与房屋出卖人之间的合同履行完毕，依登记现实地取得房屋所有权。此前签订的合同，有关买受人可向出卖人主张违约责任；此后签订的合同，系出卖人的无权处分行为，依无权处分的法律规定处理。

第二，占有房屋的，优于未占有房屋的。对于“一房数卖”，房屋尚未办理产权登记时，应当优先为占有房屋的一方买受人办理过户登记；占有事实具有准物权效力，法律应当保护此种事实状态。《最高人民法院关于审理商品房买卖合同纠纷案件适用法律若干问题的解释》第八条规定“对房屋的转移占有，视为房屋的交付使用，但当事人另有约定的除外。房屋毁损、灭失的风险，在交付使用前由出卖人承担，交付使用后由买受人承担”，根据这一规定，占有的推定效力决定了占有制时具有一定意义上符合《民法典》物权编规范性要求的公示效力。此外，买受人占有房屋之后，往往会对房屋进行装修改造，如果对此不予保护而要求恢复原状，则会造成财产的浪费，有违公平原则。

第三，支付价款的，优先于未支付价款的。同一房屋的多个买受人均支付价款的，由最先支付价款的买受人取得房屋的所有权。根据债权的平等性理论，出卖方享有任意履行的权利，如果某个买受人已经支付价款，则表明出卖人已作出选择；另外，已经全部或部分实际履行的合同应当优先于根本未履行的合同受到保护，符合公平原则，有利于提高交易效率。

第四，先订立的合同，优先于后订立的合同。数个买受人都没有交付或登记，也没有支付房款的情况下，应当由最先签订买卖合同的买受人取得房屋所有权。主要原因在于：一方面，相较而言，最先签订合同的人，最早与出卖人之间形成一种信赖关系，其有权信赖自己能够按照合同约定取得房屋，一般而言其为履行合同作出了更为充分的准备。另一方面，在通常情况下，出卖人“一房数卖”是为了获得更高的价款，如果由后来的买受人取得房屋所有权，则无疑纵容了出卖人的行为，而由最初签订合同的买受人取得房屋所有权，可以抑制出卖人获取暴利的企图和不诚信的行为。

普法提示

“一房数卖”交易中，存在“一套房源多个中介在卖”“房东和购房者信息不对称”等问题，这就使部分不法分子有机可乘。房产买卖动辄数百万元，购房者在购房前需审核中介资格、买卖标的权属等情况，签订正规、完备的房屋买卖合同并在有关部门进行备案，及时办理房产变更登记。

为了尽可能地避免遇到“一房数卖”交易，在购房时需要注意以下问题：一是确认房屋相关情况，首先要确认房屋产权登记的产权人以及房屋的实际产权人，避免日后产生不必要的纠纷；其次要确认房屋查封、抵押情况，确认房屋是否存在抵押，是否抵押给银行贷款、抵押给个人或是因为债务问题被法院查封等，如果房屋在出售之前抵押过或被法院查封，有可能无法过户。二是尽量缩短交易时间。合同签订后，大多会涉及卖方还银行按揭、涤除房屋抵押，买方申请银行贷款，双方进行房屋过户等环节，这期间任何时候都有可能发生风险，其中包括如果卖方对外有债务，这期间有可能房屋被债权人申请查封，导致后期无法过户；或是房价上涨过快，卖方反悔等。所以时间越久，产生风险的可能性就越大，尽量把前期能做的工作事先做好，缩短整个房屋交易时间，能在最大程度上避免风险的发生。

日常生活中遇到“一房数卖”时，购房者应如何处理？购房者可以首先与卖房者尝试沟通，如谈判不成功，应果断选择走司法途径，申请财产保全并提起诉讼。如果涉及合同诈骗可以向公安机关报警。买受人可以请求解除合同、返还已付购房款及利息、赔偿损失，并可以请求出卖人承担不超过已付购房款一倍的赔偿责任。

关于违约金的确定也是常见的争议点，《最高人民法院关于审理商品房买卖合同纠纷案件适用法律若干问题的解释》第十二条规定，当事人以约定的违约金过高为由请求减少的，应当以违约金超过造成的损失 30% 为标准适当减少；当事人以约定的违约金低于造成的损失为由请求增加的，应当以违约造成的损失确定违约金数额。第十三条规定，商品房买卖合同没有约定违约金数额或者损失赔偿额计算方法，违约金数额或者损失赔偿额可以参照以下标准确定：逾期付款的，按照未付购房款总额，参照中国人民银行规定的金融机构计收逾期贷款利息的标准计算。逾期交付使用房屋的，按照逾期交付使用房屋期间有关主管部门公布或者有资格的房地产评估机构评定的同地段同类房屋租金标准确定。

“一房数卖”，损害的是商品房买卖市场的秩序和买受人的合法权益。作为商品房出售者，遵守市场秩序、诚信交易是根本，作为消费者，应当在买房前充分了解卖家信誉、相关法律规定等，避免在买房过程中发生不必要的财产损失。

第四章

农村房屋和小产权房买卖纠纷

案例一

农村房屋买卖合同的效力

——买卖双方是否属同村集体经济组织成员至关重要

宁继清[①]

案情回顾

（一）十六年前欢喜签订卖房协议

2002 年 8 月 14 日，原告田为农与被告刘亦居在欢乐和谐的气氛中签订了卖房协议，该协议约定田为农将自己所有的位于北京市房山区琉璃河镇鲍庄村的房屋和院落卖给刘亦居，刘亦居支付给田为农 1 万元购房款。协议签订后，双方进行了完美的交接，田为农交付了房屋，刘亦居付清了购房款，也由此结束了居无定所的漂泊日子。

（二）十六年后却因协议对簿公堂

被告刘亦居的安稳日子一过就是 16 年，但最终还是被原告田为农打破了。2018 年 8 月 10 日，田为农将刘亦居诉至北京市房山区人民法院，请求法院依法判令自己与刘亦居于 2002 年 8 月 14 日签订的卖房协议无效。在庭审的过程中，田为农诉称，自己与刘亦居签订的卖房协议违反了国家强制性法律法规，理应认定为无效。而刘亦居则辩称，这份卖房协议是双方真实意思表示，是自愿签订的，应当是合法有效的；而且自己购得上述房屋后，对房屋进行了修缮、装修，增建了房屋及设施；况且自己一家一直在此居住，如果把房子返还给田为农，自己一家就没有地方住了；另外从签订卖房协议到现在已经 16 年了，早就过了诉讼时效，所以请求法院驳回田为农的诉讼

---

① 北京市房山区人民法院民事审判三庭法官助理。

请求。就这样，双方各执一词，争执不休。

（三）法院明察秋毫作出公正判决

2018年9月27日，北京市房山区人民法院依法作出的民事判决结束了田为农和刘亦居的纠纷。法院认为，违反法律、行政法规强制性规定的合同无效。根据我国《土地管理法》的规定，农村宅基地属于农民集体所有，农民集体所有土地的使用权不得出让、转让。本案中，田为农与刘亦居签订房屋买卖协议，买卖农村集体经济组织土地上的房屋，必然涉及该集体经济组织宅基地使用权的变更。刘亦居及其家人均非涉诉房屋所在地集体经济组织成员，在购得涉诉房屋后也未将户籍迁入该集体经济组织内，其依法不应享有该集体经济组织宅基地使用权。因此，该房屋买卖协议违反了法律的强制性规定，应属无效，故对田为农要求确认与刘亦居签订的房屋买卖协议无效的诉讼请求予以支持。刘亦居认为协议合法有效的答辩意见，缺乏法律依据，法院不予支持。另外，无效的民事行为不适用关于诉讼时效的规定，故刘亦居以本案已经超过诉讼时效为由，主张驳回原告诉讼请求的抗辩理由不能成立。据此，依照《合同法》第五十二条第五项[①]之规定，判决田为农与刘亦居签订的房屋买卖协议无效。[②]

本案判决后，田为农和刘亦居均服判息诉，没有上诉。

（四）本案争议焦点及主要法律问题

这是一起在现实生活中常见的农村房屋买卖合同纠纷案件，原告是作为农村居民的田为农，被告则是作为城镇居民的刘亦居，两人16年前因

---

① 根据《合同法》第五十二条第五项之规定，违反法律、行政法规强制性规定的合同无效。需要说明的是，自《民法典》于2021年1月1日起施行，《合同法》同时废止。目前上述法条已由《民法典》第一百五十三条第一款予以规定，即违反法律、行政法规的强制性规定的民事法律行为无效。但是，该强制性规定不导致该民事法律行为无效的除外。

② 参见（2018）京0111民初18205民事判决书，载中国裁判文书网。

一套农村房屋相识，16 年后却因这套房屋反目。这不禁令人惋惜，进而引发深思：本案中，农村房屋买卖合同的效力是如何认定的？农村房屋买卖合同在哪些情况下是有效的？在哪些情况下是无效的？法律依据又是什么呢？

法理分析

对于我国农村房屋买卖合同的效力认定问题，自 1999 年以来，法院在认定农村房屋买卖合同效力时，根据买受人不同身份会作出不同裁判，主要分为如下两类：同一集体经济组织成员之间的农村房屋买卖合同、集体经济组织成员以外的人与农村村民之间的农村房屋买卖合同。

（一）同一集体经济组织成员之间的农村房屋买卖合同效力

关于同一集体经济组织成员之间的农村房屋买卖及宅基地流转，由于农村房屋转让后，该房屋所在地的宅基地仍然属于同一集体经济组织，并未损害集体经济组织及其他村民的合法权益，也未被我国法律、法规及相关政策所禁止，因此这类农村房屋买卖合同往往被认定为有效。

（二）集体经济组织成员以外的人与农村村民之间的农村房屋买卖合同效力

集体经济组织成员以外的人与农村村民之间的农村房屋买卖合同主要包括如下两种情况：城镇居民与农村村民之间的农村房屋买卖合同、不同集体经济组织农村村民之间的农村房屋买卖合同。关于这类农村房屋买卖合同的效力，目前的司法实践以无效为原则，以有效为例外。

1. 集体经济组织成员以外的人与农村村民之间的农村房屋买卖合同以无效为原则

第一，城镇居民与农村村民之间的农村房屋买卖合同一般认定为无效。

关于城镇居民与农村村民之间的农村房屋买卖及宅基地流转，我国《土地管理法》第十一条规定“农民集体所有的土地依法属于村农民集体所有的，由村集体经济组织或者村民委员会经营、管理”；1999 年发布的《国务院办公厅关于加强土地转让管理严禁炒卖土地的通知》中强调“农民的住宅不得向城市居民出售”；2004 年发布的《国务院关于深化改革严格土地管理的决定》中强调“加强农村宅基地管理，禁止城镇居民在农村购置宅基地”。这类农村房屋买卖损害了集体经济组织及其他村民的合法权益，是我国法律、法规及相关政策明确禁止的，因此这类农村房屋买卖合同一般被认定为无效。

第二，不同集体经济组织农村村民之间的农村房屋买卖合同一般认定为无效。

关于不同集体经济组织农村村民之间的农村房屋买卖及宅基地流转，我国《土地管理法》第十一条规定“农民集体所有的土地依法属于村农民集体所有的，由村集体经济组织或者村民委员会经营、管理”；2007 年发布的《国务院办公厅关于严格执行有关农村集体建设用地法律和政策的通知》中强调“农村住宅用地只能分配给本村村民，城镇居民不得到农村购买宅基地、农民住宅或‘小产权房’”；2011 年《最高人民法院关于印发〈全国民事审判工作会议纪要〉的通知》中强调“将宅基地上建造的房屋出卖给本集体经济组织成员以外的人的合同，不具有法律效力”。因此这类农村房屋买卖合同一般被认定为无效。

2. 集体经济组织成员以外的人与农村村民之间的农村房屋买卖合同以有效为例外

集体经济组织成员以外的人与农村村民之间的农村房屋买卖合同存在有效的例外情况，主要包括但不限于以下情况：第一，买受人签订合同时并非该集体经济组织成员，但是后来取得该集体经济组织成员的资格；第二，买受人并非该集体经济组织成员，但是其家庭成员是该集体经济组织成员，并且得到村集体同意；第三，农村房屋经过多次转让，最终买受人为该房屋所在地集体经济组织成员。

综上所述，目前我国农村房屋买卖合同的效力以无效为原则，以有效为例外。具体到原告田为农与被告刘亦居的农村房屋买卖合同纠纷，根据审理查明的事实可知，田为农为农村村民，刘亦居则为城镇居民，双方签订的农村房屋买卖合同属于集体经济组织成员以外的人与农村村民之间的农村房屋买卖合同，更具体而言，属于城镇居民与农村村民之间的农村房屋买卖合同，并且这份农村房屋买卖合同不存在上述有效的例外情况，因此，这份农村房屋买卖合同损害了集体经济组织及其他村民的合法权益，是我国法律、法规及相关政策明确禁止的，因而最终被法院认定为无效。

知识拓展

既然我国农村房屋买卖合同的效力以无效为原则，以有效为例外，接下来就有必要探讨一下农村房屋买卖合同被确认无效后的法律后果。在我国《民法典》公布施行以前，农村房屋买卖合同被确认无效后的法律后果主要由《合同法》第五十八条予以规范；随着《民法典》的公布施行，《合同法》同步废止。根据我国《民法典》第三编第三章第五百零八条的规定，“本编对合同的效力没有规定的，适用本法第一编第六章的有关规定”，可见，农村房屋买卖合同被确认无效后的法律后果主要由《民法典》第一百五十七条予以规范，具体如下：

（一）相互返还义务

根据《民法典》第一百五十七条的规定，民事法律行为无效、被撤销或者确定不发生效力后，行为人因该行为取得的财产，应当予以返还；不能返还或者没有必要返还的，应当折价补偿。因此在农村房屋买卖合同被确认无效后，买受人因该合同所取得的房屋应当返还给出卖人，出卖人因该合同所取得的购房款也应当返还给买受人。需要指出的是，法院在判决买受人返还房屋时，由于买受人长期在该房屋居住，甚至返还房屋后可能需要另寻住所，因此需要给买受人预留必要的准备时间，避免给买受人带来消极影响。

（二）赔偿损失问题

根据《民法典》第一百五十七条的规定，民事法律行为无效、被撤销或者确定不发生效力后，有过错的一方应当赔偿对方由此所受到的损失；各方都有过错的，应当各自承担相应的责任。通常在农村房屋买卖合同纠纷中，出卖人是基于土地升值、房屋拆迁等原因反悔请求法院确认合同无效，因此合同被确认无效后，买受人有权要求出卖人赔偿因此所受到的损失，赔偿损失的范围主要包括如下内容：

1. 购房款利息

在司法实践中，法院在判决出卖人支付购房款利息时，一般判决从出卖人收取购房款之日起按中国人民银行公布的同期同档贷款利率支付利息，并且根据各自过错比例承担。

2. 房屋增值利益及装饰装修等费用

在司法实践中，法院在判决出卖人赔偿房屋增值利益及装饰装修等费用时，一般按照当地政府房屋征收相关补偿标准或者参考专业评估机构出具的评估报告，对房屋现值与原买卖价格的差异所造成的损失、房屋重置成新价、房屋装饰装修及附属设施价值等确定，并且根据各自过错比例承担。

3. 信赖利益损失

在司法实践中，由于农村房屋买卖合同被确认无效往往会给作为相对守约方的买受人造成信赖利益的损失，因此法院一般会支持买受人要求出卖人赔偿信赖利益损失的请求。具体数额一般按照当地政府房屋征收相关补偿标准或者参考专业评估机构出具的评估报告中的房屋区位补偿价予以确定，并且根据各自过错比例承担。①

（三）责任比例问题

如上所述，《民法典》第一百五十七条规定，民事法律行为无效、被撤

---

① 参见李涛、郑远民：《农村房屋买卖合同效力的司法判决研究》，载《常州大学学报（社会科学版）》2019 年第 6 期，第 36—38 页。

销或者确定不发生效力后，有过错的一方应当赔偿对方由此所受到的损失；各方都有过错的，应当各自承担相应的责任。具体到农村房屋买卖合同被确认无效的案件，就出卖人而言，出卖人在出卖农村房屋时，理应知晓农村房屋及宅基地使用权的流转仅限于同一集体经济组织内部，却仍向同一集体经济组织以外的人转让，买卖农村房屋多年后，又因土地升值、房屋拆迁等原因反悔主张合同无效，这违反了诚实信用原则，理应对合同无效承担主要责任；就买受人而言，买受人在购买农村房屋时，明知自己为同一集体经济组织以外的人，却仍向出卖人购买房屋，因此理应对合同无效承担次要责任。

普法提示

（一）购买农村房屋的注意事项

在购买农村房屋时，有必要重申的法律要点如下：（1）同一集体经济组织成员之间的农村房屋买卖合同往往被认定为有效。（2）集体经济组织成员以外的人（即城镇居民、不同集体经济组织农村村民）与农村村民之间的农村房屋买卖合同以无效为原则，以有效为例外。（3）在农村房屋买卖合同被认定无效后，买受人因该合同所取得的房屋应当返还给出卖人，出卖人因该合同所取得的购房款也应当返还给买受人。同时买受人有权要求出卖人赔偿因此所受到的损失，包括购房款利息、房屋增值利益及装饰装修等费用、信赖利益损失等。

（二）农村房屋买卖的完善建议

随着农村城市化脚步的加快，农村土地增值、房屋拆迁现象逐渐普遍，由此引发的农村房屋买卖合同纠纷案件呈激增态势。就目前司法实践而言，上述农村房屋买卖合同纠纷案件大多以确认合同无效结案，最终出卖人担负了违反诚实信用原则的消极后果，买受人失去了多年来安身立命的栖居之所。为避免此类两败俱伤结果的再次出现，建议如下：

1. 完善相关立法，明确法律适用

针对目前农村房屋买卖合同效力认定方面法律法规不明确的问题，建议尽早健全有关法律法规，在法律中有条件地赋予农民转让农村房屋及宅基地使用权的权利，同时进一步明确农村房屋买卖合同有效、无效的具体情形，从而明确该类案件的法律适用。

2. 加强法律宣传，增强法律意识

在完善关于农村房屋买卖合同效力认定方面法律法规的基础上，建议通过邀请人民群众旁听庭审以及主动走进辖区宣传相结合的方式，普及相关法律法规，引导人民群众合法买卖农村房屋。同时注重增强人民群众对诚实信用原则的理解，减少出卖人故意毁约行为的发生，进而有效控制不必要纠纷的产生。

3. 强化审批登记，加强监管力度

《宅基地使用证》和《集体土地使用证》是农村村民合法取得宅基地使用权的重要凭据，因农村房屋买卖而转移宅基地使用权时，该宅基地使用权主体已发生了变化，应当依照《土地管理法》《土地管理法实施条例》等规定履行审批手续，并完成权利主体的变更登记。[①] 因此有必要加强基层国土管理部门等对宅基地审批的监管力度以及批准后的登记确权管理，从而有效规范农村房屋交易行为，维护本集体经济组织及其他村民的合法权益。

① 参见李旭：《农村房屋买卖存在的问题及法律对策》，载《时代法学》2007 年第 2 期，第 92 页。

案例二

农村房屋买卖涉及拆迁问题的处理

柳淑一①

案情回顾

近年来，随着城市建设发展，郊区土地利用价值增加，因土地被征用、拆迁房屋后可获得高额补偿安置费用等原因，不断有主张农村房屋买卖合同无效的案件出现。在北京市某郊区，就出现了这么一起案例。②

自 20 世纪 90 年代以来，北京市 A 郊区 B 镇开始实施文化造镇发展战略，吸引了来自全国各地的数百名画家在此落户，经过多年的发展，该镇的文化产业已经具备了一定的规模。早期的一些入驻画家大部分都是从当地村民手中购买自有住宅，改造成工作室并在其中居住，河北省 A 市居民李绅就是其中的一员。

马鹏飞是北京市 A 郊区 B 镇 C 村的村民，于 1998 年取得村民户口。马鹏飞于 1993 年取得 C 村一宅院的集体土地建设用地使用证，并被确认为该宅院的土地使用权人。

2002 年，李绅来到了北京市 A 郊区，想寻一处宅院并将其改造成工作室使用，她转来转去，看中了马鹏飞的房子，于是与马鹏飞签订了房屋买卖协议，约定："B 镇 C 村马鹏飞与李绅商定将正房五间、厢房三间卖给李绅，作价 4.5 万元整，房屋及院落以上级下发的土地使用权证为准，房款自签字后一次性交清，双方遵守协议。"落款处除有买卖双方签字外，还有证人康康及代笔人郭小强签字，北京市 A 区 B 镇 C 村民委员会在合同上加盖了印章。同日，北京市 A 区 B 镇 C 村民委员会在诉争房屋所占院落之集体土地建设用地使用证变更记事

---

① 北京市房山区人民法院综合审判庭法官助理。

② 参见（2007）通民初字第 1031 号民事判决书，（2007）二中民终字第 13692 号民事判决书，（2008）通民初字第 02041 号民事判决书，载中国裁判文书网。

一栏中填写了“马鹏飞于2002年7月1日将上房五间、厢房三间出售给李绅使用”的内容。协议签订当天李绅交清了房款，马鹏飞交付了房屋。之后，李绅对该房屋进行了整修，添加了卫生间等附属设施，新建了三间西厢房。2006年，马鹏飞向法院起诉，要求确认双方签订的房屋买卖协议无效，并要求李绅返还房屋。2007年，北京市某中级人民法院作出终审判决，确认双方签订的房屋买卖协议无效，并判令李绅向马鹏飞返还房屋，马鹏飞向李绅支付房屋及添附部分价款9万余元，同时该判决认定马鹏飞为导致协议无效的主要责任方。

李绅就此事十分困惑，明明已经签署了协议，还有村委会的证明，但是就这样被法院判决无效了，那这些年房屋的增值、拆迁利益的增加等损失该如何要求赔偿？于是2008年，李绅将马鹏飞起诉至法院，要求马鹏飞对其信赖利益的损失进行赔偿。

一审法院经审理认为，合同无效后，因该合同取得的财产，应当予以返还；不能返还或者没有必要返还的，应当折价补偿。有过错的一方应当赔偿对方因此所受到的损失，双方都有过错的，应当各自承担相应的责任。原告李绅与被告马鹏飞所签订的房屋买卖合同被法院确认无效后，双方应按照各自的过错程度承担相应的责任。考虑到马鹏飞作为出卖人在出卖时即明知其所出卖的房屋及宅基地属于我国法律禁止流转范围，其在出卖房屋多年后又以违法出售房屋为由主张合同无效，故应对合同无效承担主要责任。对于李绅作为买受人信赖利益损失的赔偿，应当全面考虑出卖人因土地升值或拆迁、补偿所获利益，以及买受人因房屋现值和原买卖价格的差异所造成损失两方面因素予以确定。马鹏飞出售给李绅的房屋及添附部分价值已经法院判决折价补偿李绅，就本案而言，对于李绅信赖利益损失的赔偿，仅考虑出卖人因土地升值或拆迁、补偿所获利益的因素，参照马鹏飞出售房屋宅基地区位总价予以确定。故对李绅要求马鹏飞赔偿损失的诉讼请求，理由正当，证据充分，法院对其合理部分予以支持，依据《合同法》第五十八条（现已失效，相关规定见《民法典》第一百五十七条）之规定，判决马鹏飞赔偿李绅损失18万余元。

判决后，李绅不服，向上级法院提起上诉。二审法院认为：李绅与马鹏飞签订的房屋买卖协议已经此前生效判决确认为无效合同。根据法律规定，合同被确认无效后，因该合同取得的财产应当予以返还，不能返还或者没有必要返还的，应当折价补偿。有过错的一方应当赔偿对方因此遭受的损失。基于上述合同无效之法律后果处理的一般原则及已生效判决确认的导致合同无效的责任，现李绅主张要求马鹏飞赔偿经济损失，理由成立，应予以支持。至于李绅应获得的赔偿损失的范围及数额，应根据双方签订合同时可预见到的损失以及合同实际履行状况，并考虑双方过错及综合本案实际情况酌情予以确定。现虽李绅对其应承担的过错程度持有异议，但因诉争房屋的土地性质为集体土地性质，买受人李绅并非该集体经济组织成员，对导致合同无效应负一定责任，故对其该项主张，二审法院不予支持。由此，二审法院维持了一审法院的判决。

虽然近年来，国家多次明确强调禁止城市居民购买农村个人住宅，但是在现实生活中，城市居民或者是非本村集体组织成员购买本村房屋的情况屡见不鲜，加之城市化率越来越高，郊区发展迅猛，拆迁农村房屋的情况时有发生。那么，农村房屋买卖遇到拆迁问题该如何处理？李绅所经历的一切是否于法有据？我们该如何规避风险？

法理分析

根据购买主体不同，农村宅基地房屋买卖可以分为三类：第一类是本集体经济组织的成员购买宅基地房屋，第二类是其他集体经济组织的成员购买宅基地房屋，第三类是城镇居民购买宅基地房屋，后两者可统称为非本集体经济组织成员购买宅基地房屋。[①] 在司法实践中，同一集体经济组织的成员之间进行房屋买卖法律上并无重大障碍，实践中也多予以认可。在后两种情况中，司法实践中多以无效为原则，以有效为例外。当宅基地房屋买卖合同有效时，若在履行合同后遇拆迁问题，那不必多言，当以宅基地房屋所有人为拆迁受益人。因此我们在此讨论的更多的是当农村宅基地房屋买卖合同无

① 最高人民法院审判第一庭：《农村宅基地房屋买卖合同的效力认定》，载《民事审判指导与参考》2017 年第 1 辑。

效时，遇到拆迁问题的处理。

我国《民法典》第一百五十七条规定，民事法律行为无效、被撤销或者确定不发生效力后，行为人因该行为取得的财产，应当予以返还；不能返还或者没有必要返还的，应当折价补偿。有过错的一方应当赔偿对方由此所受到的损失；各方都有过错的，应当各自承担相应的责任。法律另有规定的，依照其规定。基于此合同无效后的处理原则，结合上述案例，我们可以发现农村宅基地房屋买卖合同无效后的处理中存在以下几个问题：第一，财产返还及折价补偿的问题；第二，信赖利益的损失确定问题；第三，合同无效时买卖双方过错责任的认定问题。

（一）财产返还及折价补偿

根据法理，合同无效后双方当事人返还财产的范围应当包括原物和孳息，买受人应当返还合同标的物，即房屋和宅基地，并返还占有房屋期间所获得的利益；而出卖人应当返还购房款及占有购房款期间获得的利息。通常来讲，买受人在占有使用农村房屋后，会对其进行一番修建或扩建。一般而言，对房屋所做并不改变房屋用途的装修、改建等，作为添附物来处理，出卖人应将添附物的价值折价返还给买受人。若房屋被合法翻建或扩建，无法返还合同标的物，那么应该对房屋进行折价补偿。对上述折价款的确定，可以由双方当事人协商，协商不成的，也可以由法院委托有资质的鉴定机构进行评估。

（二）信赖利益的损失确定

依据《民法典》第一百五十七条规定，有过错的一方应当赔偿对方由此所受到的损失；各方都有过错的，应当各自承担相应的责任。买卖双方应当向对方承担缔约过失责任。通说认为，在缔约过失责任的情况下，应赔偿信赖利益的损失。这种信赖利益的损失包括直接损失和间接损失，直接损失包括：（1）缔约费用，包括邮电费用、赶赴缔约地或察看标的物所支出的其他合理费用等；（2）履约费用，包括为居住而对房屋进行的翻建、装修，腾退房屋时搬家的费用等；（3）其他直接的费用支出。间接损失是指丧失了与他人另订合同的机会所产生的损失。这些损失必须在可以客观预见的范围内，必须是基于信赖利益而产生的损失。[①]

对于出卖人而言，其直接损失主要是买受人居住使用期间的占有使用费用，该部分损失较为容易确定，主要可参照同类房屋出租的租赁费用进行确定。就间接损失的认定而言，由于出卖人拥有的农村房屋通常只允许向符合条件的同村村民转让，而这类交易机会在实践中极为稀少，加之即便其他村民愿意购买，其价格也会较低，所以在城镇居民购买农村房屋的合同被认定无效后，出卖人通常很难举证证明自己因丧失了与第三人另订合同的机会而遭受了间接损失。也就是说，房屋买卖合同被认定无效，对出卖人通常不会造成间接损失，或者仅造成很少的间接损失。非但如此，在房价不断上涨或者房屋面临拆迁的情况下，出卖人主张合同无效后，如能收回房屋，还可获得较多的利益。[②]

对于买受人而言，直接损失主要包括缔约费用、准备履行所支出的费用。间接损失包括购买农村房屋的合同无效必然导致买受人丧失与他人订立合同的机会，结果是买受人无法享有因房屋价格上涨而带来的增值利益。[③]《北京市法院民事审判实务疑难问题研讨会会议纪要》（2006 年 9 月 14 日）指出："在合同无效的处理上，应全面考虑出卖人因土地升值或拆迁、补偿所获利益，以及买受人因房屋现值和原买卖价格的差异造成损失两方面的因素，平衡买卖双方的利益，避免认定合同无效给当事人造成的利益失衡。"

出卖人和买受人在最初签订合同之时，是基于居住或者收益的需要，根据相对公平的对价来交换权利。但是随着经济的发展，在合同被判令无效之时，出卖人返还的房屋价款可能已经远不及当时房屋及宅基地使用权的市场价值，那么房屋及土地在签订买卖合同时的价值与确认合同无效时的价值之差值即可认定为买受人的信赖利益损失。

具体而言，农村房屋被征收后，有两种补偿方式，调产安置与货币补偿。

---

① 北京市第二中级人民法院：《城镇居民购买农村私有房屋的合同无效——马海涛与李玉兰房屋买卖合同纠纷上诉案》，载《人民司法》2008 年第 10 期。

② 戴孟勇：《城镇居民购买农村房屋的司法规则》，载《清华法学》2009 年第 5 期。

③ 戴孟勇：《城镇居民购买农村房屋的司法规则》，载《清华法学》2009 年第 5 期。

基于房地一体的原则，农村房屋拆迁安置时，一般有三种补偿模式：一是仅对房屋进行补偿；二是对房屋和土地分别补偿；三是不区分房屋和土地，确定一定的方案进行补偿。其中第二种模式涉及农村宅基地的补偿，与特定身份有密切关系。而第一种、第三种模式则无须考虑特定身份的问题。故在第一种、第三种模式下，对双方损失标准参照房屋征收部门规定的各项补偿标准确定；对于第二种模式，由于拆迁补偿是针对占用土地的补偿，与原农村集体土地使用权人的身份相关联，建议该部分补偿费用由出卖人享有。在货币补偿形态下，出卖人在取得安置补偿款后，应将其中的大部分直接赔偿给买受人；在调产安置形态下，可以按安置房市场价格由双方合理分配，并确定安置房归一方所有，取得安置房的一方按前述的损害赔偿模式原则由法院确定分配比例向另一方找付差价。关于部分特定补偿款项的分配，比如临时过渡补贴损失、搬家补贴损失、搬迁误工费、提前搬迁奖等，该部分费用的产生是与房屋使用人的使用行为密切相关的，是对拆迁前房屋实际居住人的补偿，与房屋及宅基地的权属关系不大，故应当归拆迁前房屋的实际居住人通常为买受人所有。[①]

（三）合同无效时买卖双方过错责任的认定

非本集体组织成员与本集体组织成员之间签订的农村宅基地使用权买卖合同因违反《土地管理法》的强制性规定应属无效，双方都有过错，但是一般来讲，此类纠纷系出卖人因房屋价值上涨而提出，为违约方，因此一般由卖方负主要责任，但是比例应当从多个方面加以综合考量，如签订买卖合同的时间、买受人的身份（居民户口抑或是其他村的农民）、政策因素、购房目的等。

知识拓展

假如买卖双方在签订房屋买卖合同时同时约定了拆迁分配方案，那房屋

① 徐远志、何亚平：《农村房屋买卖合同纠纷的裁判路径》，载微信公众号“审判研究”，2015 年 5 月 21 日。

买卖合同无效会导致拆迁分配方案无效吗？我们来看另外一个案例：

2010 年 3 月 5 日，马亮亮与张明明签订农村宅基地使用权买卖合同，约定：张明明以 70 万元的价格将其位于北京市大兴区某镇某村的宅基地使用权出售给马亮亮兴建住房；如遇拆迁，双方各占全部补偿的 50%，包括回迁房及现金。该合同另有注明："购房款柒拾万元，张明明已收。"注明内容上另有按压指印。此后，马亮亮在涉案院落原有五间老房的南侧投资新建两排正房。2015 年 7 月 9 日，张明明作为涉案宅基地及房屋的产权人签订住宅房屋拆迁安置补偿协议及补充协议。根据协议，张明明享有的拆迁利益包括拆迁补偿款 150 余万元、总面积为 198.49 平方米的回迁房三套。2015 年 7 月 31 日，马亮亮与张明明签订欠条一份，内容为："今有张明明欠马亮亮壹百贰拾万元正，欠款原因：张明明在自家某镇某村院落建房，当时从马亮亮处借走现金壹百贰拾万元正，本人承诺拆迁款到位后马上返还马亮亮。"关于该份欠条，张明明认可该份欠条的签订是为了解决合作建房问题，但主张存在胁迫情形；马亮亮主张该份欠条实际上是双方关于拆迁利益划分协商的结果，欠条中载明的 120 万元涵盖了包括购房款在内的各项损失，与其所诉是同一法律关系。马亮亮向法院起诉，要求判令：双方于 2010 年 3 月 5 日签订的农村宅基地使用权买卖合同无效；张明明返还购房款 70 万元，赔偿房屋增值损失 20 万元，补偿拆迁利益的 70%（计 77 万元）。

法院一审认为：原告马亮亮在签订宅基地使用权转让协议时并非涉案宅基地所在地的村民，且至今仍非该集体经济组织成员，故双方之间签订的农村宅基地使用权买卖合同因违反《土地管理法》的强制性规定而无效。双方当事人在涉案院落拆迁之后签订的欠条实际上是双方达成的拆迁利益分配方案，是双方关于拆迁利益划分协商的结果。张明明虽主张欠条存在胁迫情形，但其未提供相应的证据予以证明，法院依法不予采信，故其应当按照约定履行给付义务。遂判决马亮亮与张明明签订的农村宅基地使用权买卖合同无效，张明明于判决生效后 10 日内给付马亮亮拆迁利益 120 万元。

张明明不服一审判决，提出上诉。二审法院经审理后认为，张明明主张欠条系其受胁迫所签，但未就此提交证据加以证明，法院对其该项主张不予支持。结合该案证据和当事人陈述可以认定，张明明、马亮亮于 2015 年 7 月 31 日签署的欠条是双方当事人的真实意思表示，该欠条名为借还款，实为解决拆迁补偿等问题所签，马亮亮亦认可该欠条与其所诉系同一法律关系，系双方协商的结果，包含了购房款的返还问题。因此，双方当事人均应按照达成的合意行使权利，履行义务。遂判决驳回上诉，维持原判。[①]

由此可见，对拆迁利益分配的约定系双方真实意思表示，房屋买卖合同无效并不必然影响其效力，双方仍然应当遵照履行。

普法提示

农村宅基地使用权是本集体经济组织成员享有的权利，与该集体经济组织成员的特定身份相联系。自 1999 年以来，国务院多次强调禁止城镇居民购买农村房屋，主要是为了维护农村稳定、保障经济社会可持续发展。在司法实践中，对此类合同的认定也以无效为原则，以有效为例外。

笔者认为，非本集体经济组织成员购买该村的房屋，通常是出于两个目的：居住使用或者投资。然而，不论是出于什么目的，在违背国家政策、损害社会公共利益的前提下签订农村房屋买卖合同，自合同签订之日起便自然承担了合同无效的风险，因此，我们要避免签订此类合同。

话分两说，若购买农村房屋确有必要，或出售自有房屋实属必要，双方当事人可在合同签订之时约定拆迁利益的分配方案，以免日后产生不必要的纠纷。此外，双方签订合同时都对合同对方充满信任，那么合同的出卖人也有必要自觉履行合同义务。尤以买卖合同已经签订多年，买受人已经长期居住的情况为例，如果出卖人因为房屋价值上涨而主张合同无效，导致买受人流离失所，无家可归，此种不诚信的行为也不应当被法律保护。

---

① 参见（2015）大民初字第 14150 号民事判决书，（2016）京 02 民终 5597 号民事判决书，载中国裁判文书网。

案例三

小产权房到底能不能买？

——解析涉小产权房的法律问题及政策规定

郭艳茹[①]

案情回顾

（一）低价购买小产权房又反悔

2017年，张梅经房屋中介介绍，看中了位于昌平区沙河镇某小区的一套房子，中介告知张梅，该房屋是小产权房，虽然没有房产证，但是价格远低于商品房，且国家政策正在落实，小产权房很快会和商品房一样正常交易。张梅信以为真，便与房主王叶签订了二手房买卖合同，房屋面积130平方米，总价款200万元。

装修入住后，张梅一直关注小产权房的新闻和案例，经常看到北京市国土部门不断提醒群众“不要租买这些项目，尚未考虑过让小产权房转正”，看到很多居住小产权房多年被赶出家门的案例，她心里越来越慌、提心吊胆，越发觉得国家根本不会承认小产权房的交易，买了也没有保障。这时她又得知小区开发商当时租赁的这一地块是工业用地，并非住宅用地，如果哪天遇到拆迁，都不知道能不能得到补偿。加之小区物业管理混乱、难以忍受，因此，张梅起诉至法院，请求确认双方房屋买卖合同无效，王叶返还购房款及装修费用共计220万元。

那么，张梅的诉讼请求能否得到支持呢？

（二）法院裁定驳回意难平

此案的合同双方当事人均无法提交涉案房屋的权属登记或规划审批手

---

① 北京市房山区人民法院审判管理办公室法官助理。

续。一审法院经与北京市昌平区国土部门核实，涉案房屋所在土地性质为集体土地、设施农用地，缺少合法规划审批手续，涉案房屋系通常所说的小产权房。目前相关法律法规对小产权房屋权属登记方面没有明确规定，根据物权法定原则及涉案房屋现状，对涉小产权房屋的买卖合同效力问题不作实体处理，张梅的起诉缺乏实体法依据，裁定驳回张梅的起诉。

面对这个裁判结果，张梅的心里充满疑问。小产权房到底为什么不能办理权属登记？房屋买卖合同难道不是依据《民法典》关于合同效力的规定进行裁判吗？为什么法院不予认定呢？

法理分析

要回答张梅的疑问，首先需要了解小产权房的定义及与裁判相关的法律要点。

（一）何谓小产权房？

小产权房并非法律上的概念，只是人们在社会实践中形成的一种约定俗成的称谓。[①] 因此，不同视角下的研究，对小产权房的定义不尽相同，进而对小产权房买卖的合法性判断产生不同的影响。

根据涉及土地法规管制条款的不同，小产权房大体上可以分为“建设在农村集体土地上的商品房”“农民或村集体把闲置住房出售给其他集体组织成员或城镇居民”“城镇居民购买宅基地使用权自建用于个人居住的房屋”等不同情形。[②]

基于主流观点及司法实践，通常认为，所谓小产权房，是指那些在农民集体所有的土地上，由本村村民依法建造并转售他人的住宅或由本村村集

---

① 钟凯：《再辩“小产权房”合法化——兼论我国农村土地制度的改革方向》，载《经济体制改革》2012 年第 3 期。

② 钟凯：《论“小产权房”类型化流转的路径选择——兼评国土资源部〈中华人民共和国土地管理法（修正案）（征求意见稿）〉》，载《经济体制改革》2017 年第 2 期。

体经济组织（村委会）自行或与开发商合作组织开发的，向购房者发放由乡（镇）政府或村委会制作的房屋权属证书的住宅。[①]

与小产权房相对应的是大产权房，即房屋建在合法的建筑用地上，可以合法进行房屋交易的，具有占有、使用、收益和处分四项完整权能的住宅。大产权房的购房者具备《房屋所有权证》和《土地使用权证》。

《土地管理法》第十一条规定，农民集体所有的土地依法属于村农民集体所有。《民法典》第二百六十三条规定，城镇集体所有的不动产和动产，依照法律、行政法规的规定由本集体享有占有、使用、收益和处分的权利。也就是说，只有与集体土地有特定身份关系的农村村民才能购买或经拆迁回迁取得地上房屋的所有权或使用权。

这些房屋的争议在于对外流转的限制，根据国家的有关规定，小产权房是不允许流转给本集体组织之外的第三人的。农民将房屋卖给非本集体组织人员的行为不受法律的认可与保护，不能办理土地使用证、房产证、契税证等合法手续。

本案中，张梅购买的房屋所在土地经查证为集体所有，而张梅并非该集体组织成员，故其购买房屋的行为不受法律保护。

（二）物权法定原则与小产权房之间的冲突

物权法定原则根源于物权的基本属性。目前，我国法律对物权的内容，即物权的权能进行了明确规定。其中，最为典型的所有权就具有占有、使用、收益、处分等权能。同时，法律还会针对具体权能设置限制要素，比如前文提到的《民法典》第二百六十三条规定，集体所有的不动产要行使权利，必须依照法律、行政法规的规定，否则就是违反了物权法定原则。

这里必须依照的规定，就是不得将集体所有的不动产转让给集体组织以外的第三人。而本案中的张梅就恰恰违反了这一规定。

---

① 李长健、阮晓毅：《民生利益视角下农村小产权房规制研究》，载《政法论丛》2008年第4期。

当前，学界对物权法定原则的困境及小产权房能否适用物权法定原则存在争议。[①]但从司法实践来看，在法律规定尚未对小产权房“放行”之前，向非集体组织成员销售小产权房实质上是变相买卖集体所有土地，违反国家相关规定，因而违背了物权法定原则。

（三）法院缘何裁定驳回起诉？

依照《民事诉讼法》的有关规定，对原告提起的民事诉讼，法院审查后认为起诉不符合法定条件的，应当在7日内裁定不予受理；如果法院立案后发现原告的起诉不符合法定条件的，应当裁定驳回起诉。

所谓法定条件，是指《民事诉讼法》第一百九十九条（现第一百二十二条）规定的4项起诉条件或属于第一百二十四条（现第一百二十七条）所列的7种情形。违反其中一项，则法院应裁定不予受理或驳回起诉。

《民事诉讼法》第一百一十九条（现第一百二十二条）规定的四项起诉条件之一是“属于人民法院受理民事诉讼的范围和受诉人民法院管辖”。第一百二十四条（现第一百二十七条）规定的不予受理的情形之一是“依照法律规定，应当由其他机关处理的争议”。

针对涉小产权房类案件，案件审理当中可能涉及小产权房合法性及权属关系的认定问题，而这些问题应由有关行政机关进行认定。为避免法院裁判结果与行政机关的处理结果不统一，通常此类房屋应先由行政机关进行处理。

当前，理论界和司法实践中对于涉小产权房的司法裁量存在诸多争论，但由于小产权房事关土地使用权和建筑物所有权，二者物理形态的结合无法抹杀土地与房屋两者的异质性。[②]同时，小产权房涉及的法律政策十分复杂，对小产权房的认定和处理不仅是一个法律问题，更是一个社会问题，因此，在相关法律、政策出台前，不应单一地以判决的方式处理涉小产权房案件。

---

① 方乐坤：《土地利用二元体系下“小产权房”问题的法律规制》，载《苏州大学学报（法学版）》2014年第3期。

② 肖大明：《“小产权房”司法裁判的困境与突围》，载《东方法学》2018年第4期。

知识拓展

在本质上，小产权房的问题不仅是“房”的问题，更主要的是“土地”的问题，是一个是否允许集体土地自由向城市流转的问题。[①] 小产权房的诞生伴随着土地政策、城乡发展和房价变迁等诸多因素。

（一）小产权房的诞生背景

小产权房在诞生之初就备受争议，因为小产权房以集体土地为建房地基，不仅在产权形式上不符合法律规定，而且在房屋产权市场交易中也存在许多亟待解决的问题。

1. 二元制土地制度为小产权房的出现制造了土壤

我国实行二元制土地所有权结构，即国有土地所有制和集体土地所有制。通常农村土地为集体土地性质，土地所有权归属村集体；城镇土地为国有土地性质，土地所有权归属国家。根据法律规定，城镇土地可以依法进行房地产开发，但农村土地在未经国家土地征收之前，不能作为房地产开发对象，更不能以房屋买卖的形式向本村以外居民流转。随着市场经济的发展，土地的商品价值逐步显现，现实中农村土地被违法开发为住房的情况屡见不鲜，且国家对小产权房问题的法律规定及政策规制态度尚不明朗，造成各集体组织无统一标准可依，在合法与非法之间给小产权房留下了“擦边球”的空间。

2. 城市化发展迅速催生大量小产权房

改革开放以来，我国城镇化水平不断提高，城市住房问题日益突出。特别是20世纪90年代城市居民物质生活水平有了极大提高，全国人口开始大量涌向城市，城市建设用地有限，住房供不应求，因而催生了城乡接合部农村建房市场，并在房屋买卖市场占据越来越大的比重。

3. 房价虚高与住房保障体制不健全推动了小产权房市场的壮大

由于城市房地产价格大幅攀升，一些农村集体组织便利用国家对农村建

① 王洪亮：《小产权房与集体土地利益归属论》，载《清华法学》2009年第5期。

设的优惠政策，在对农村进行扩路建房改造的同时，趁机进行小产权房开发建设。与城市商品房不同，农村小产权房开发并未履行合法的土地转让手续，房屋开发成本较低，且并未缴纳相应税费，因此其价格相对商品房较为低廉。在现实的价格落差下，部分居民宁愿冒着所购房屋无产权保障的风险购买小产权房。而销售小产权房给当地村委会、乡政府带来的巨大收益也促使其更大规模地开发建设小产权房。

4. 新农村建设为小产权房的增多带来发展契机

2003 年起，农村基础设施建设日趋完善，新农村发展理念渐入人心，农村房屋建设中，楼房的比例越来越高。2005 年，在社会主义新农村建设理念的指引下，国家准许部分经济条件允许的农村在本村村民自愿的前提下，统筹规划开发建房。个别村镇出现人口逐步流入城市、闲置房屋增多的情况，为了增加村镇集体收入，村镇集体以“旧城改造”等名义建设大量小产权房并对外宣传销售。

（二）小产权房政策的演变

小产权房诞生至今，并未有明确的实体法对其进行规制，始终是由国家土地政策进行调整的，具体包括以下几个重要阶段：

2007 年 6 月，住房和城乡建设部发文《关于购买新建商品房的风险提示》，要求“城市居民不要购买在集体土地上建设的房屋。目前的法律法规不允许在集体土地上进行房地产开发。不允许集体土地上建设的房屋向本集体经济组织以外成员销售”。

2007 年 12 月，国务院办公厅下发《关于严格执行有关农村集体建设用地法律和政策的通知》指出，任何涉及土地管理制度的试验和探索，都不能违反国家的土地用途管制制度。

2008 年 7 月，国土资源部下发通知，要求尽快落实农村宅基地确权发证工作，但明确指出不得为小产权房办理任何形式的产权证明。

2010 年 1 月，国土资源部表示将重点清理小产权房。5 月，由国土资源部、住房和城乡建设部牵头的 14 个中央部委联合成立了小产权房整治处理领导小组，研究制定处理方案。

2011 年 1 月，国土资源部部长在全国国土资源工作会议上强调，2011 年要继续推进小产权房问题的清理工作。

2012 年 2 月，国土资源部执法监察局局长在广州召开的“全国推进构建国土资源执法监管共同责任机制”座谈会上表示，2012 年全国将开始选择试点城市，在试点基础上总结完善政策，妥善处理好现存小产权房问题。

2013 年 11 月，十八届三中全会通过的《中共中央关于全面深化改革若干重大问题的决定》提出，在符合规划和用途管制前提下，允许农村集体经营性建设用地出让、租赁、入股，实行与国有土地同等入市、同权同价。该决定提出的改革虽然包括土地制度改革的方向，但并未提及如何解决小产权房这样具体的问题。

同月，国土资源部、住房和城乡建设部下发紧急通知，要求全面、正确地领会十八届三中全会关于建立城乡统一的建设用地市场等措施精神，严格执行土地利用总体规划和城乡建设规划，严格实行土地用途管制制度，严守耕地红线，坚决遏制在建、在售小产权房行为。

此后，关于小产权房整治工作方案、具体整治的相关措施和实施细则等均未出台，小产权房何去何从，成为悬而未决的问题。但综观相关政策的变迁可以看出，国家政策一直坚持城市居民不可购买小产权房，集体所有的土地使用必须符合国家的土地用途管制制度。

（三）小产权房可能引发的法律纠纷

政策管制并没有杜绝小产权房的买卖，而大量的小产权房，必然会引发各种各样的纠纷。大体上，涉小产权房的纠纷种类主要有以下四类：

一是确认合同效力纠纷。确认合同效力纠纷是指当事人对合同的效力产生争议，起诉至法院要求确定该合同效力的纠纷形式。小产权房没有国家承认的产权证明，故买卖双方极易就所签订的买卖合同效力发生争议。

二是农村房屋买卖纠纷。农村房屋买卖合同是出卖人转移农村房屋所有权于买受人，买受人支付价款的合同，因此产生的矛盾和纠纷既可能是本村集体经济组织成员之间的纠纷，也可能是本村集体经济组织成员与本村集体经济组织成员外的单位或个人之间的纠纷。涉小产权房纠纷就是后一种情况。

三是返还原物纠纷。返还原物纠纷是指权利人请求无权占有不动产或者动产的人返还该物的纠纷。涉小产权房案件中，双方因房屋产权不明而发生矛盾后，出卖人往往会请求返还涉案房屋。

四是其他相关纠纷。如涉及小产权房的房屋租赁合同纠纷，建设工程承包、发包合同纠纷，相邻关系纠纷，离婚后财产纠纷及继承纠纷等案件，这些案件可能以认定小产权房的权属及合法性为前提，给案件审理带来较大影响。

普法提示

通过上述梳理，可以看出购买小产权房存在诸多风险。

一是法律风险。将小产权房出售给本集体组织以外的人员，未经有关组织和部门批准，买卖合同无效。且买卖双方一旦发生纠纷，想要确认合同效力时，法院也可能不予受理或驳回起诉。发生涉及小产权房的其他纠纷亦然。

二是权益风险。小产权房没有正式的房产证，不构成真正意义上的产权，购买后不能在房屋买卖市场进行合法转让过户，对房屋的保值和升值有较大影响。

三是政策风险。购买在建小产权房，购房人与开发商签订合同并交付房款后，如果相关部门整顿小产权房的建设项目，可导致部分项目停建甚至被强迫拆除。购房人会面临既无法取得房屋，又不能及时索回房款的尴尬境地。购房后如果遇到国家征地拆迁，由于小产权房没有国家认可的合法产权，购房人并非合法的产权人，所以无法得到对产权进行的拆迁补偿，而作为实际使用人所得到的拆迁补偿与产权补偿相比微乎其微。

四是监管风险。对小产权房的开发建设没有明确的规定加以约束，存在监管缺位的问题，对购房者的利益有一定影响。同时，小产权房的开发单位可能不具备资质要求，房屋质量、售后保修和物业管理难以保证。

所以，鉴于小产权房存在的诸多风险，未来的发展尚不明朗，而买房又是中国人历来十分重视的一件大事，我们还是建议大家，对于小产权房，价格虽便宜，买房需谨慎！

图书在版编目 (CIP) 数据

商品房、存量房及农村房屋买卖纠纷典型案例解析 / 娄宇红主编 . —北京：中国法制出版社，2022.1

（法官说法丛书）

ISBN 978-7-5216-2418-2

Ⅰ. ①商… Ⅱ. ①娄… Ⅲ. ①房地产—民事纠纷—案例—中国 Ⅳ. ① D922.181.5

中国版本图书馆 CIP 数据核字（2022）第 011641 号

责任编辑：李宏伟　　封面设计：杨泽江

商品房、存量房及农村房屋买卖纠纷典型案例解析

SHANGPINFANG、CUNLIANGFANG JI NONGCUN FANGWU MAIMAI JIUFEN DIANXING ANLI JIEXI

主编 / 娄宇红

经销 / 新华书店

印刷 / 三河市国英印务有限公司

开本 / 710 毫米 ×1000 毫米　16 开　　印张 / 13.75　字数 / 207 千

版次 / 2022 年 1 月第 1 版　　2022 年 1 月第 1 次印刷

中国法制出版社出版

书号 ISBN 978-7-5216-2418-2　　定价：45.00 元

北京市西城区西便门西里甲 16 号西便门办公区

邮政编码：100053　　传真：010-63141600

网址：http://www.zgfzs.com　　**编辑部电话：010-63141796**

市场营销部电话：010-63141612　　**印务部电话：010-63141606**

（如有印装质量问题，请与本社印务部联系。）